COME DISEGNARE

TUTTO 365

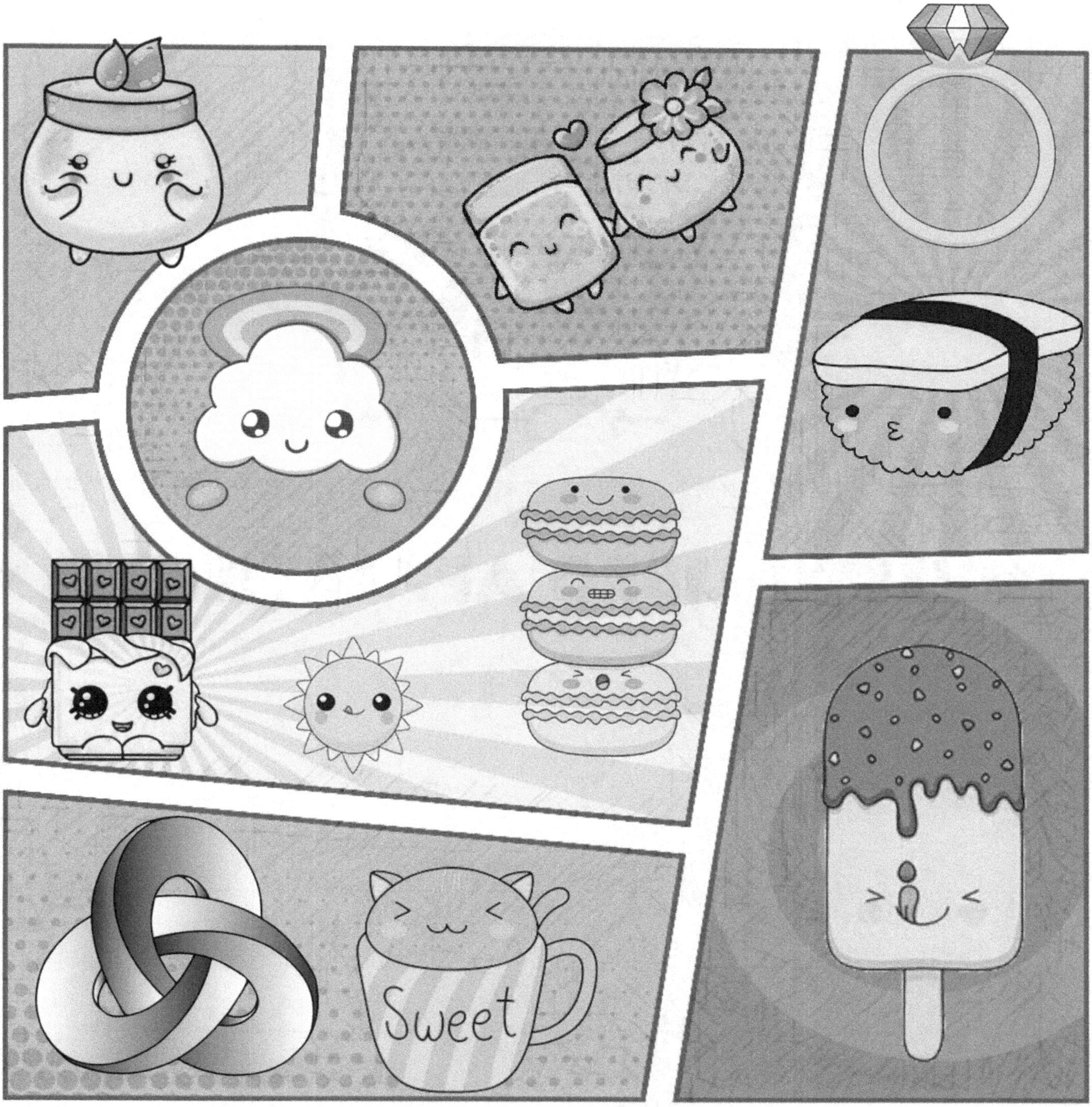

Williams Press

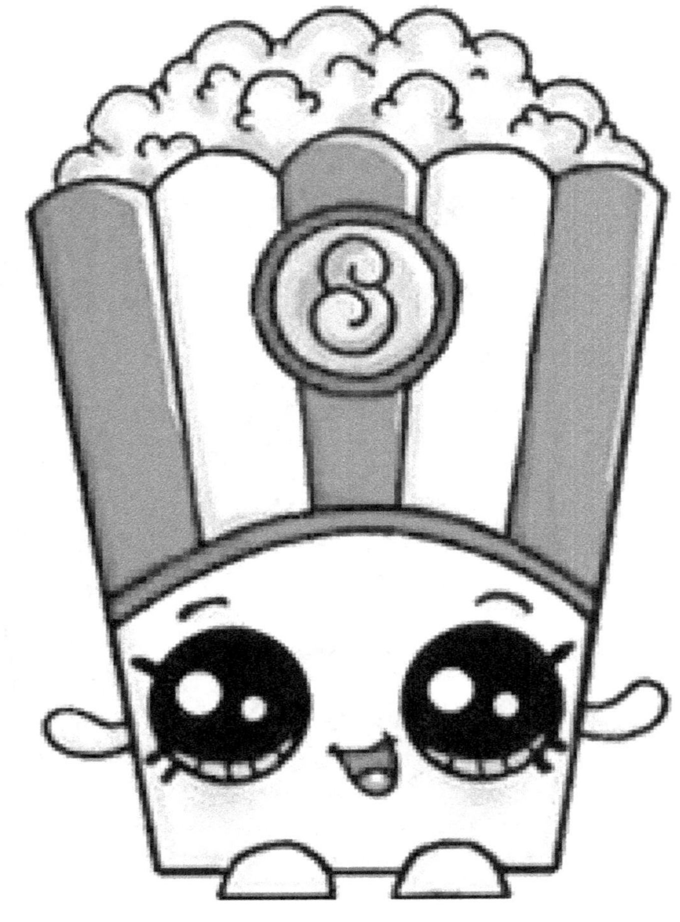

QUESTO LIBRO APPARTIENE A

....

....

TUTTO 365

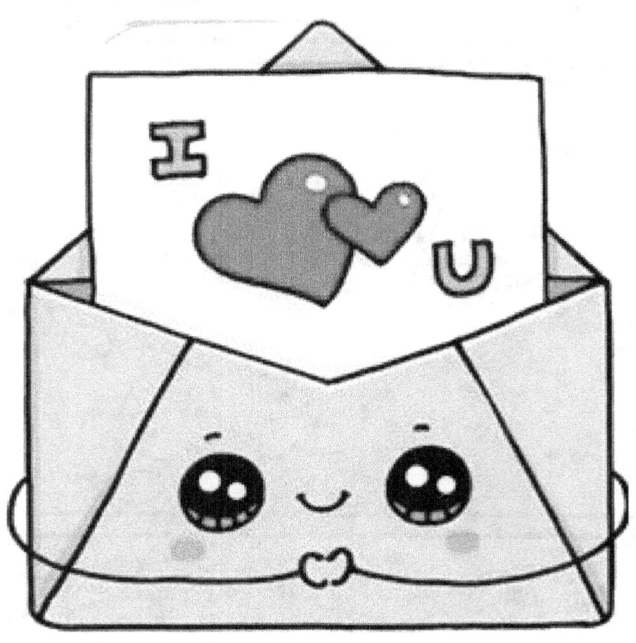

Come utilizzare questo libro, Tutto ciò di cui hai bisogno per iniziare è un pezzo di carta, una matita e una gomma, ma sentiti libero di usare qualsiasi strumento tu voglia, per disegnare i personaggi

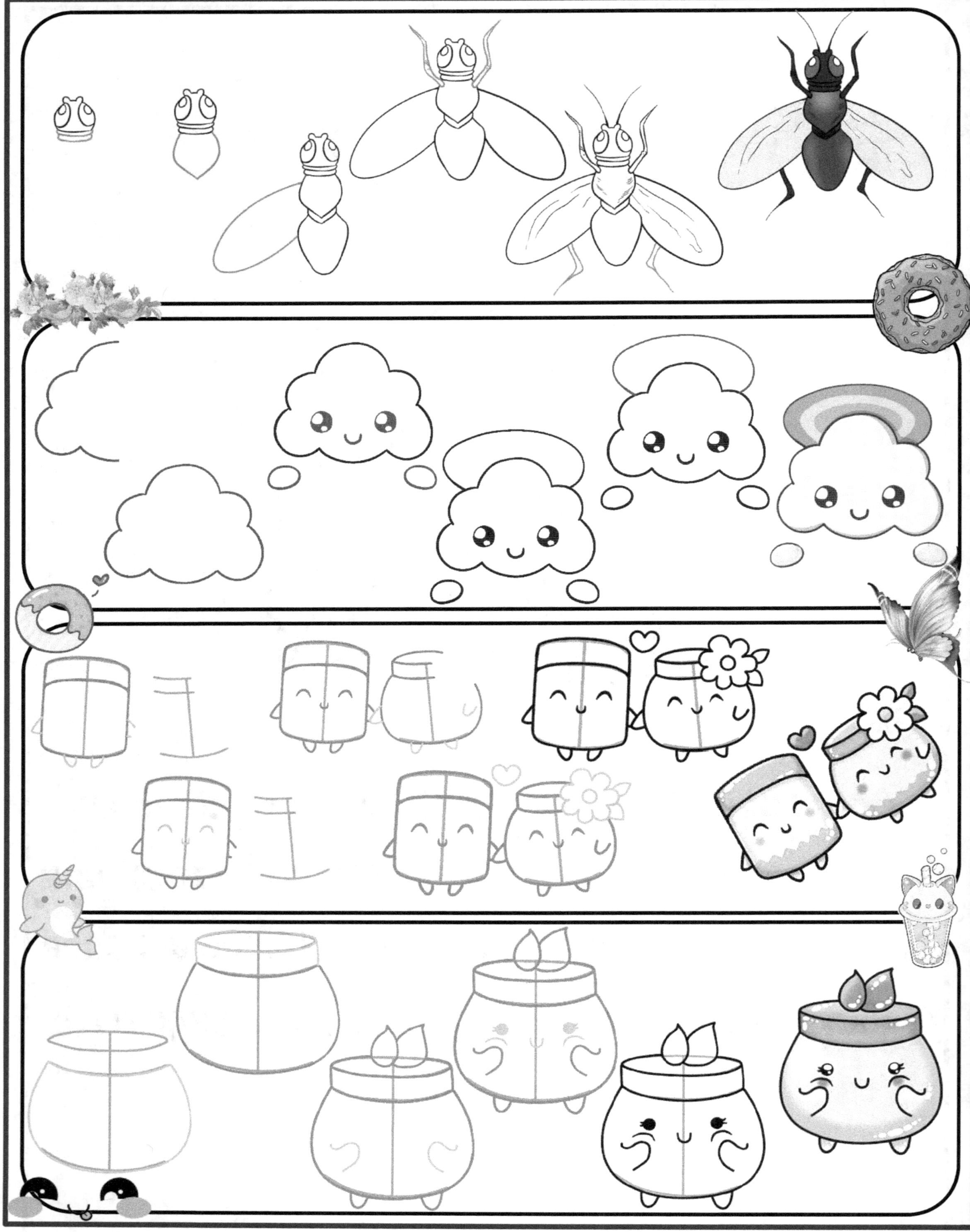

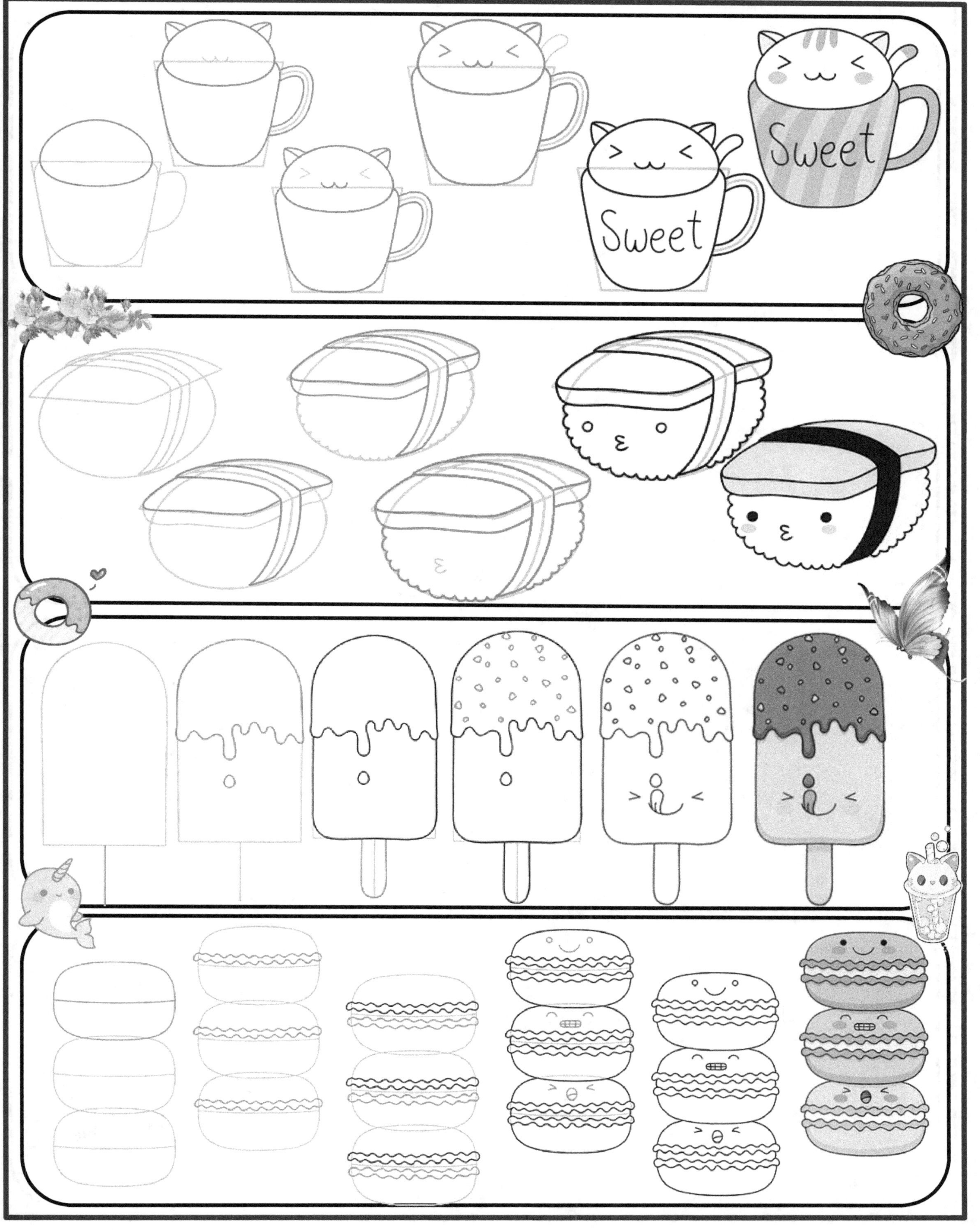

Sweet
Sweet

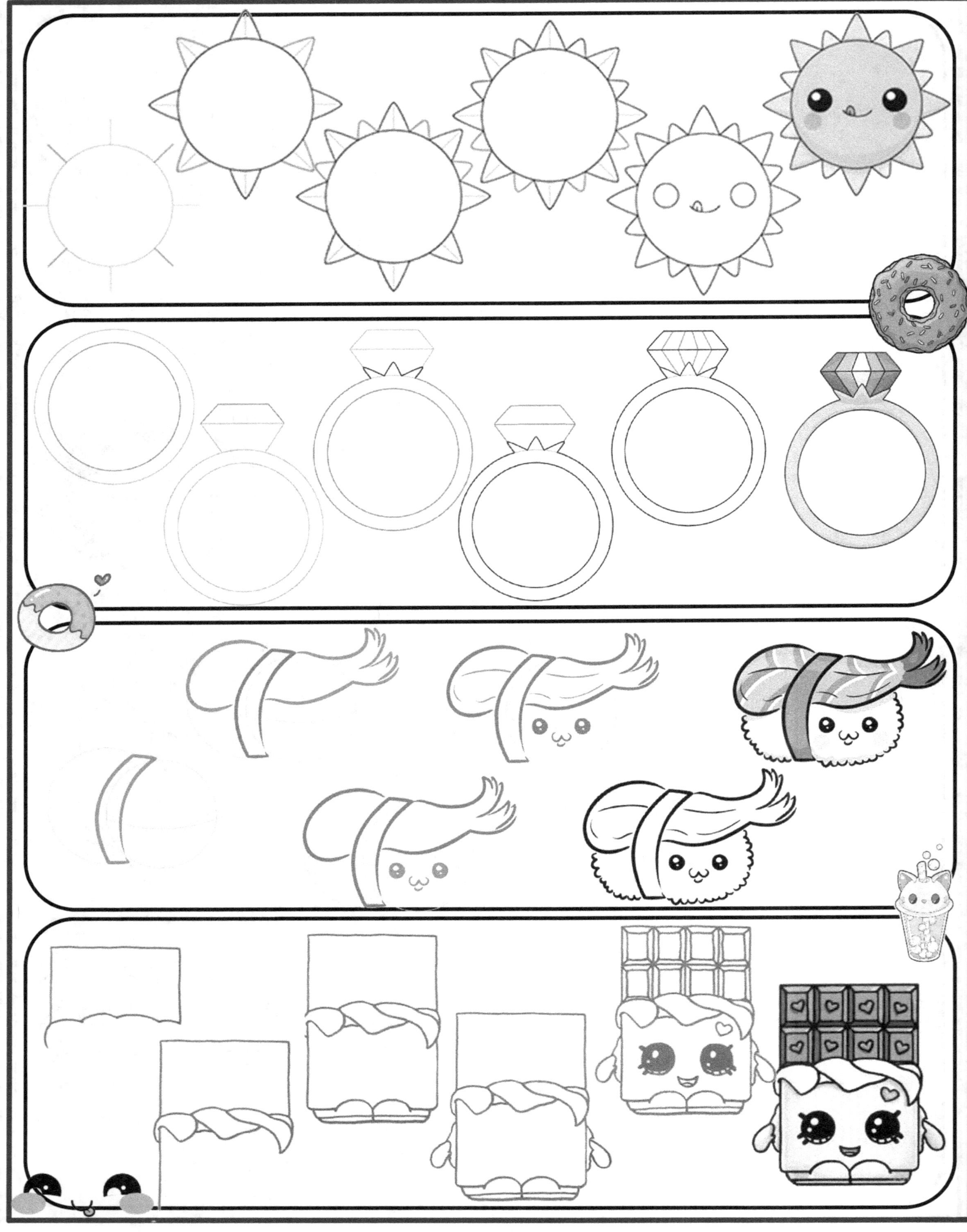

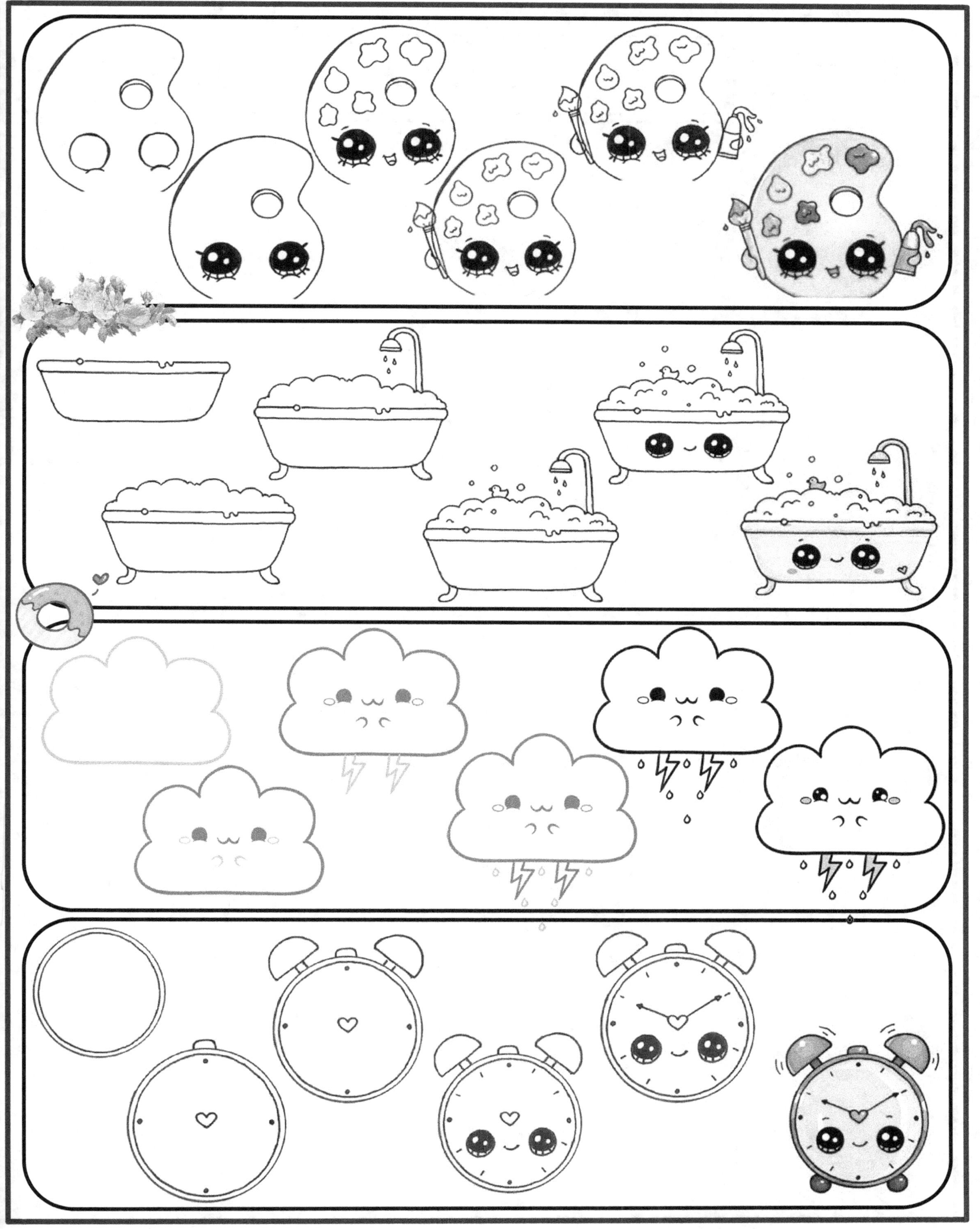

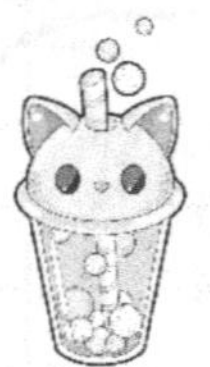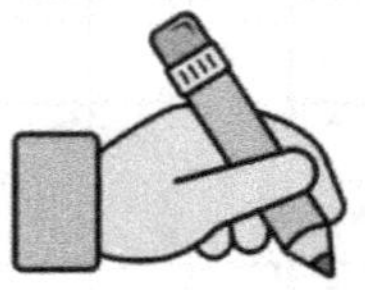

pratica

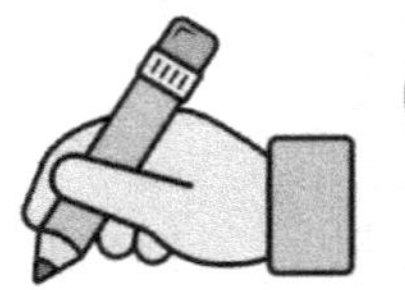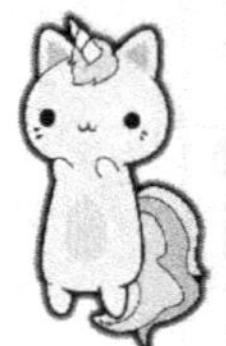

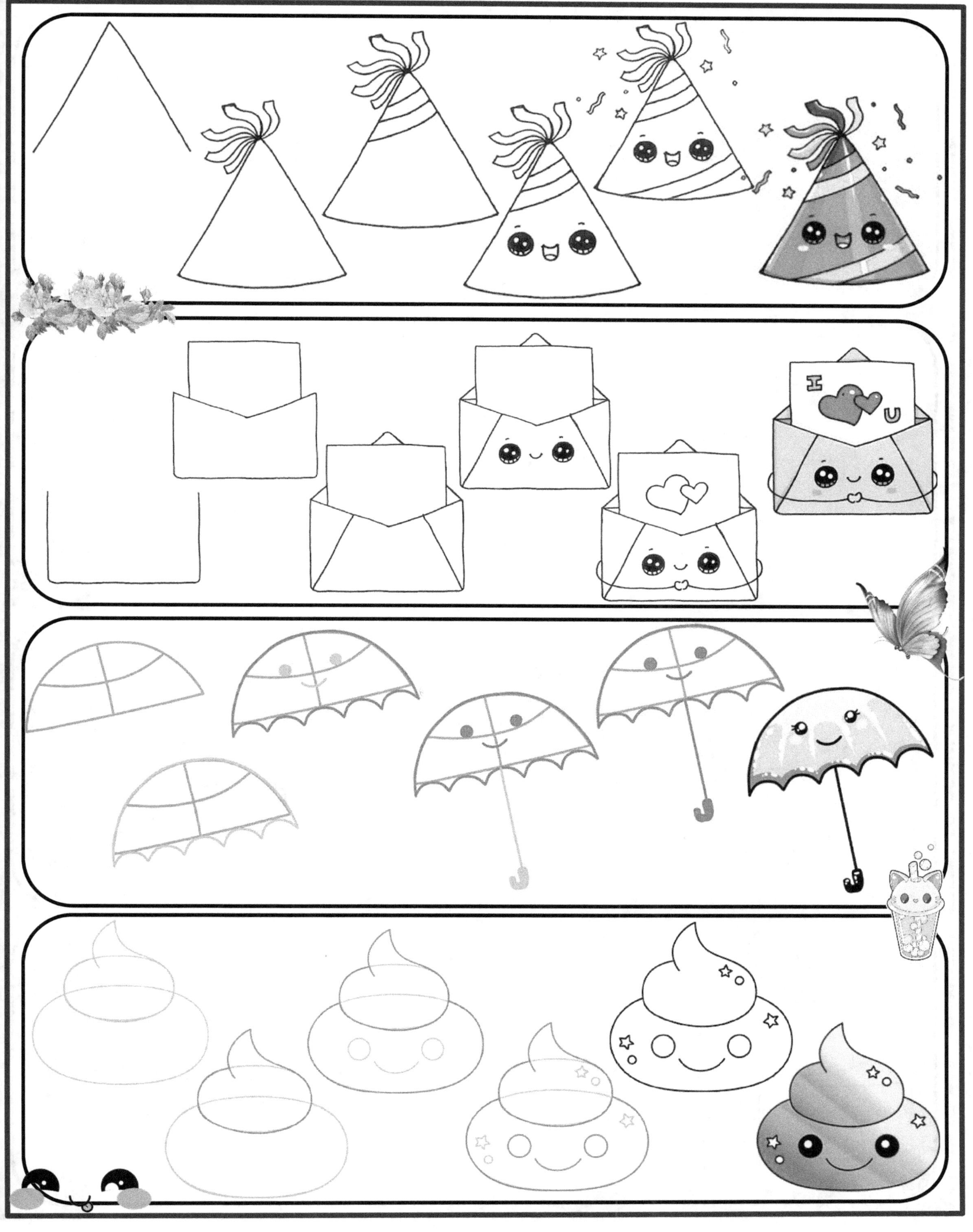

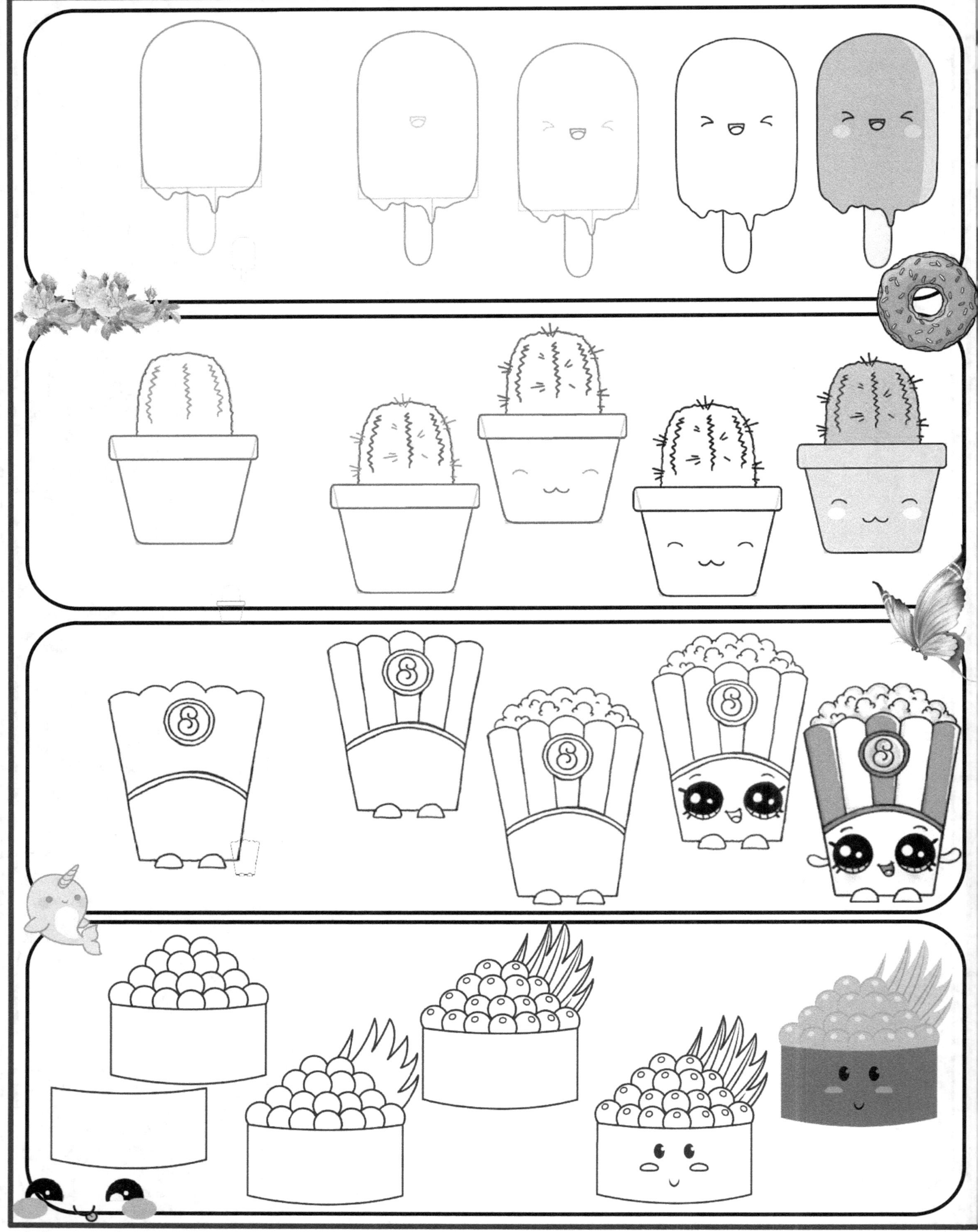

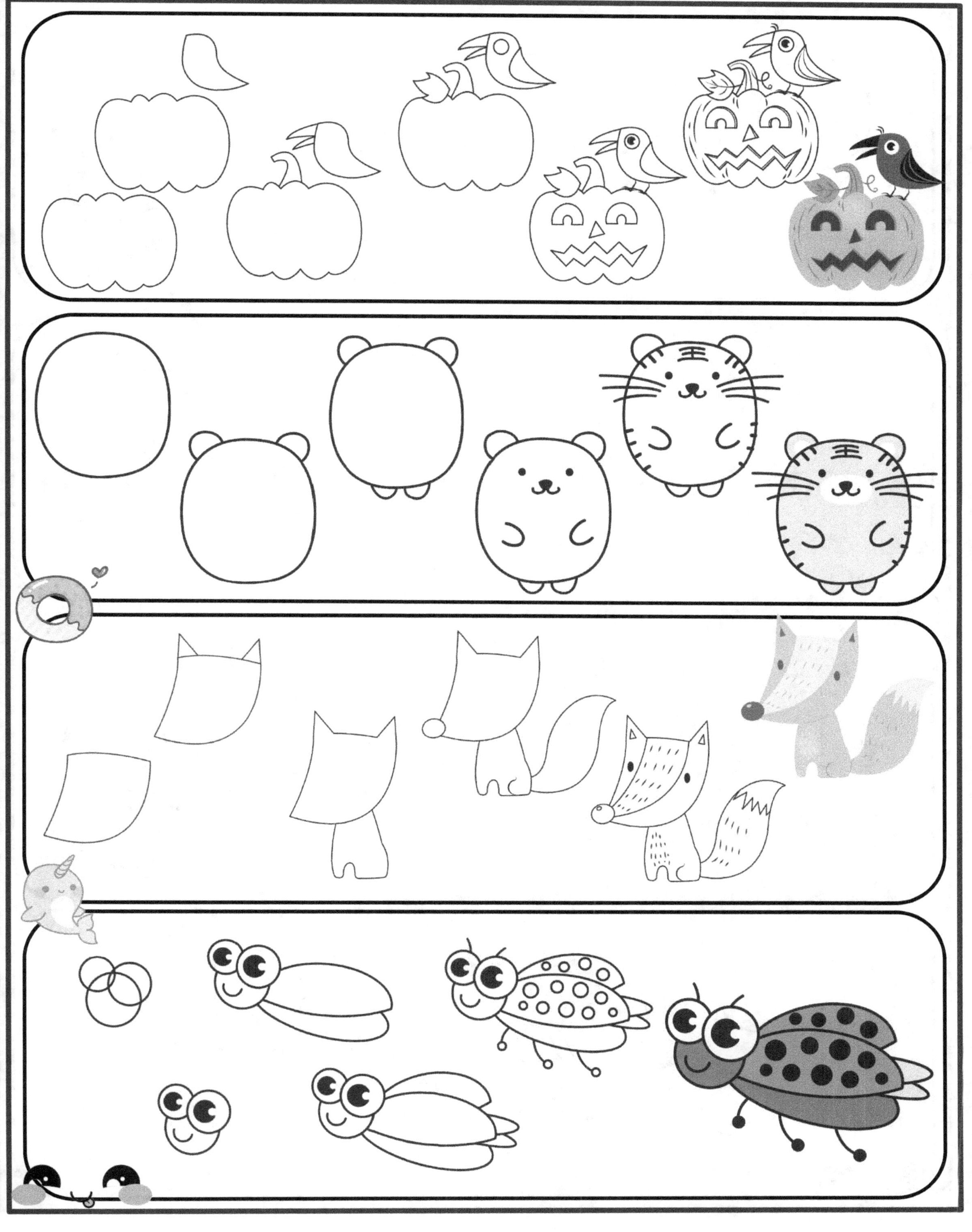

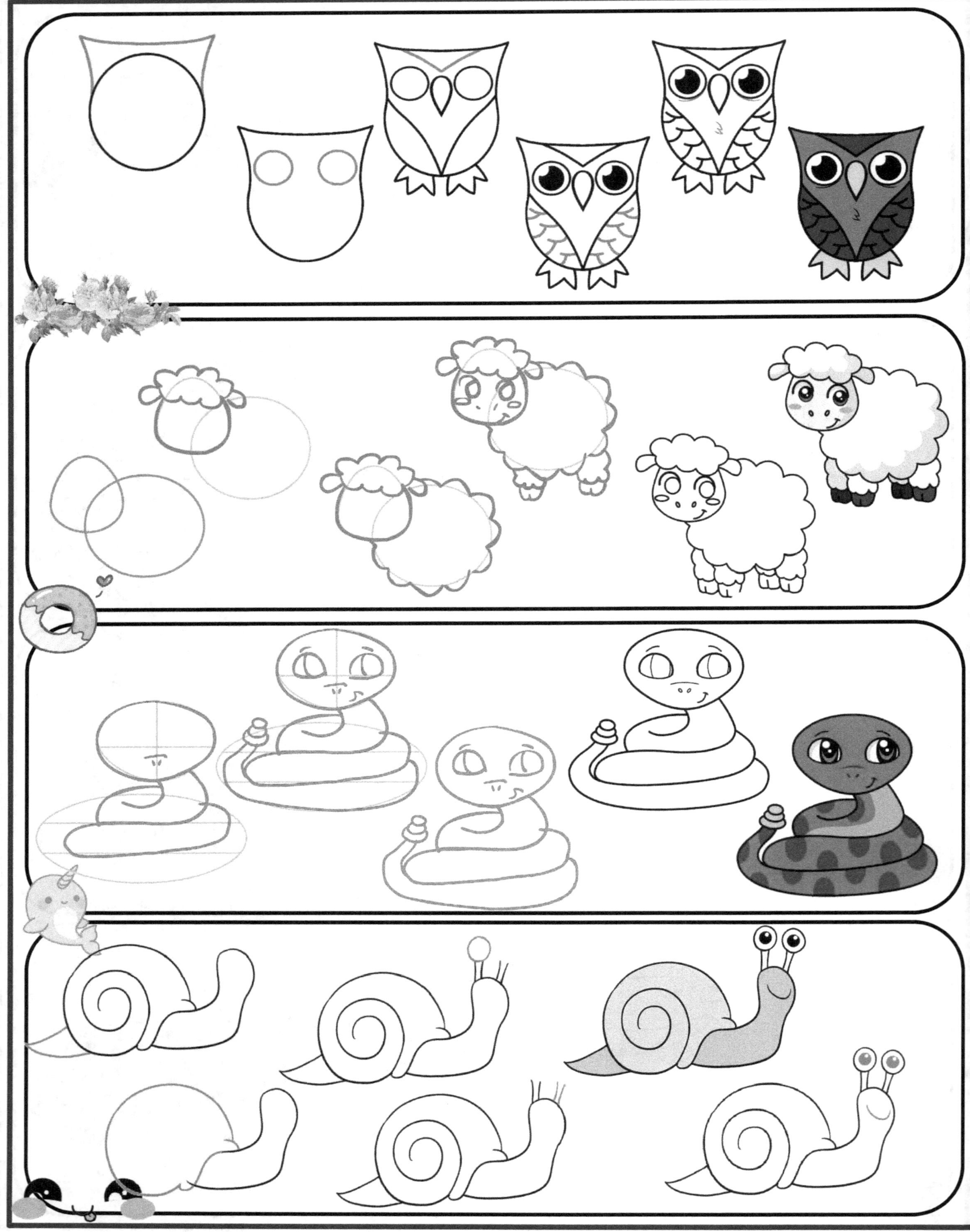

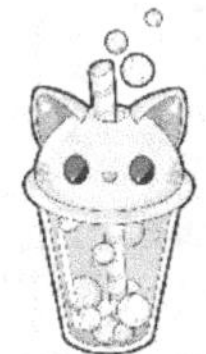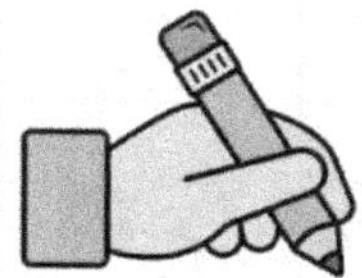

Pratica

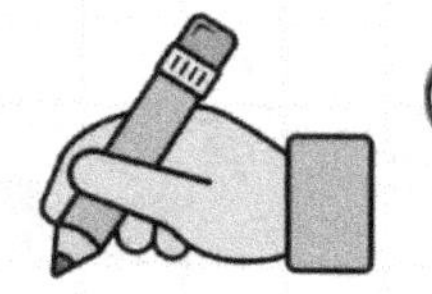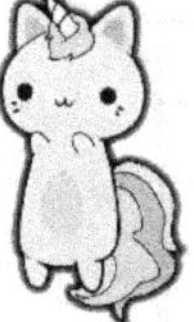

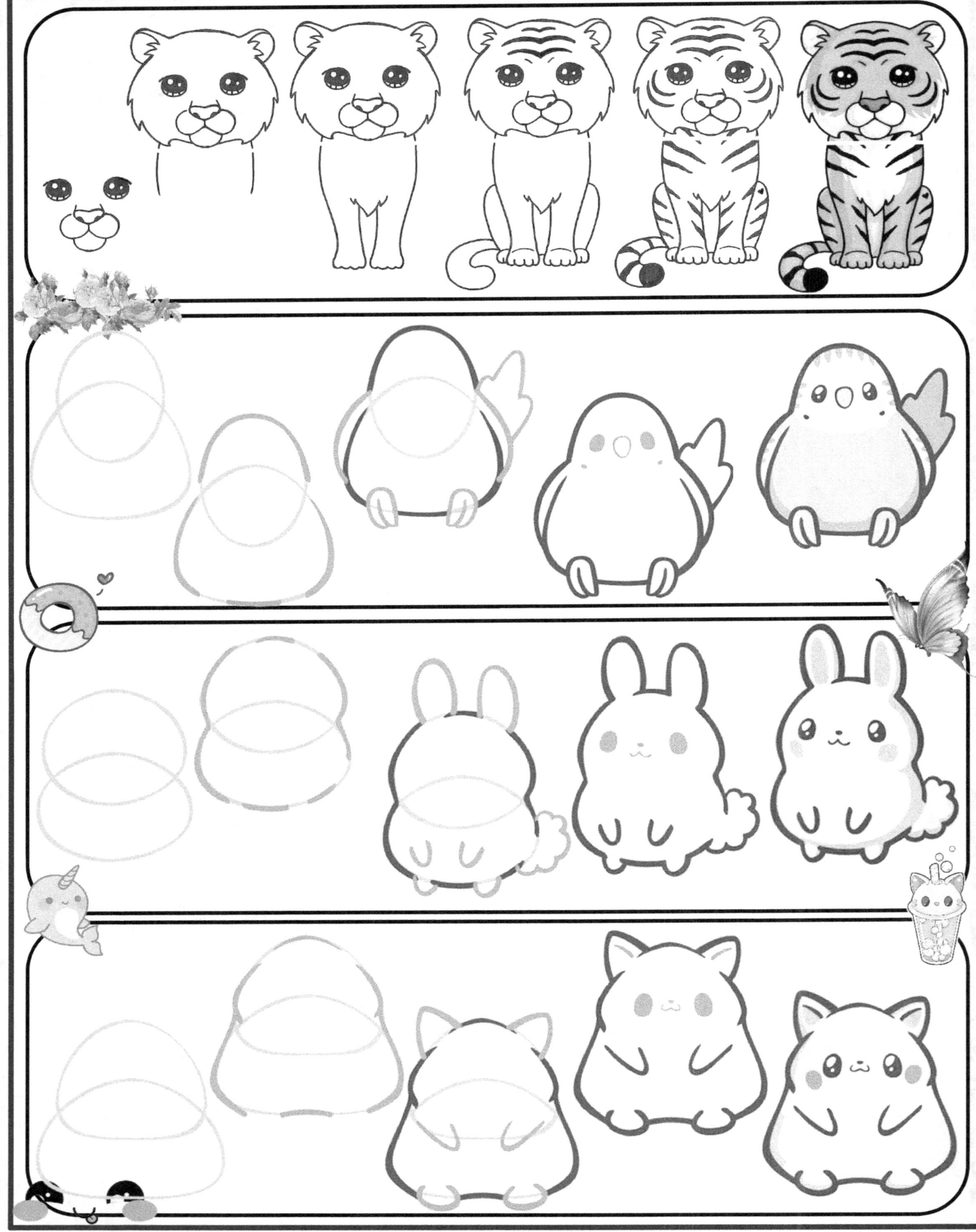

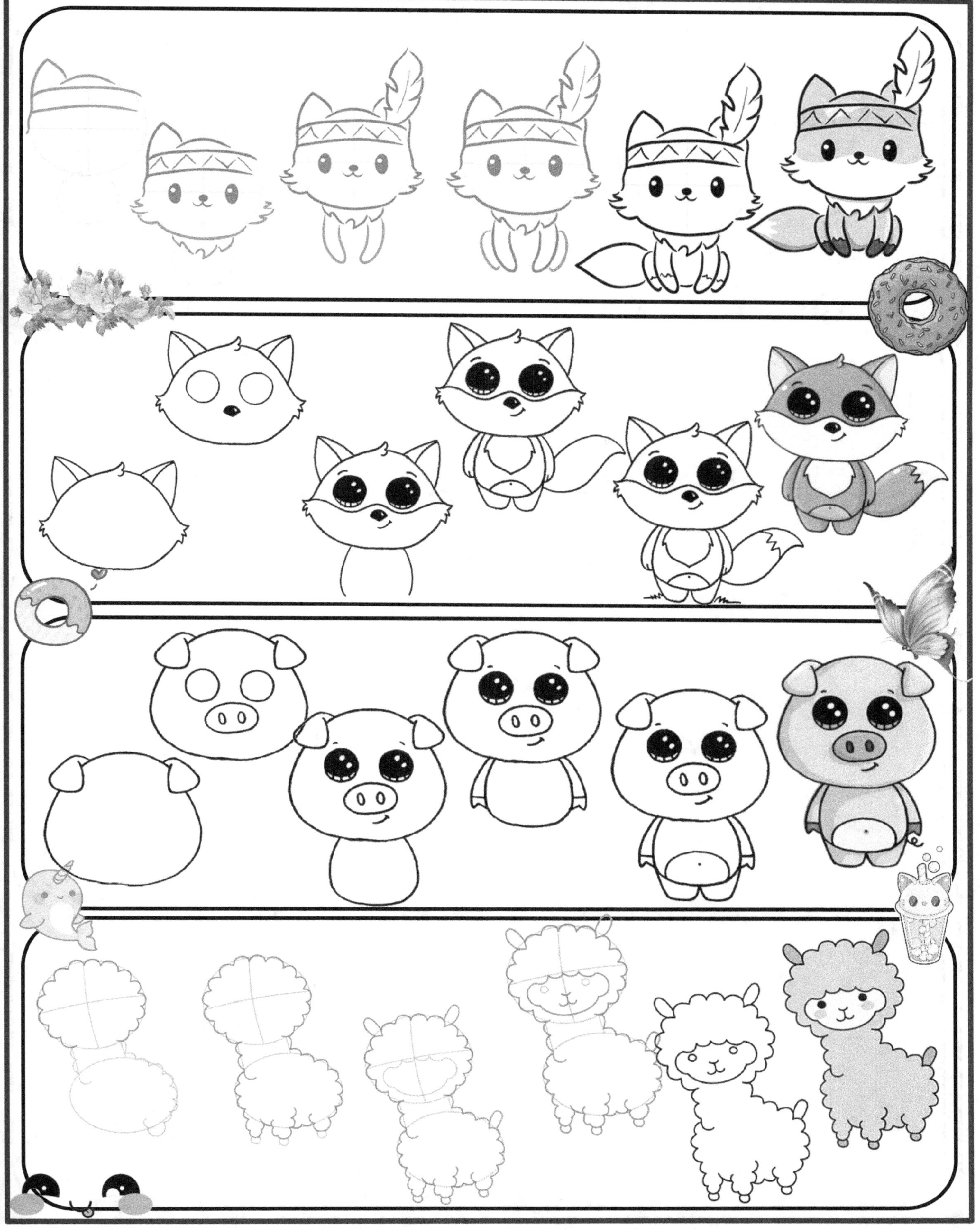

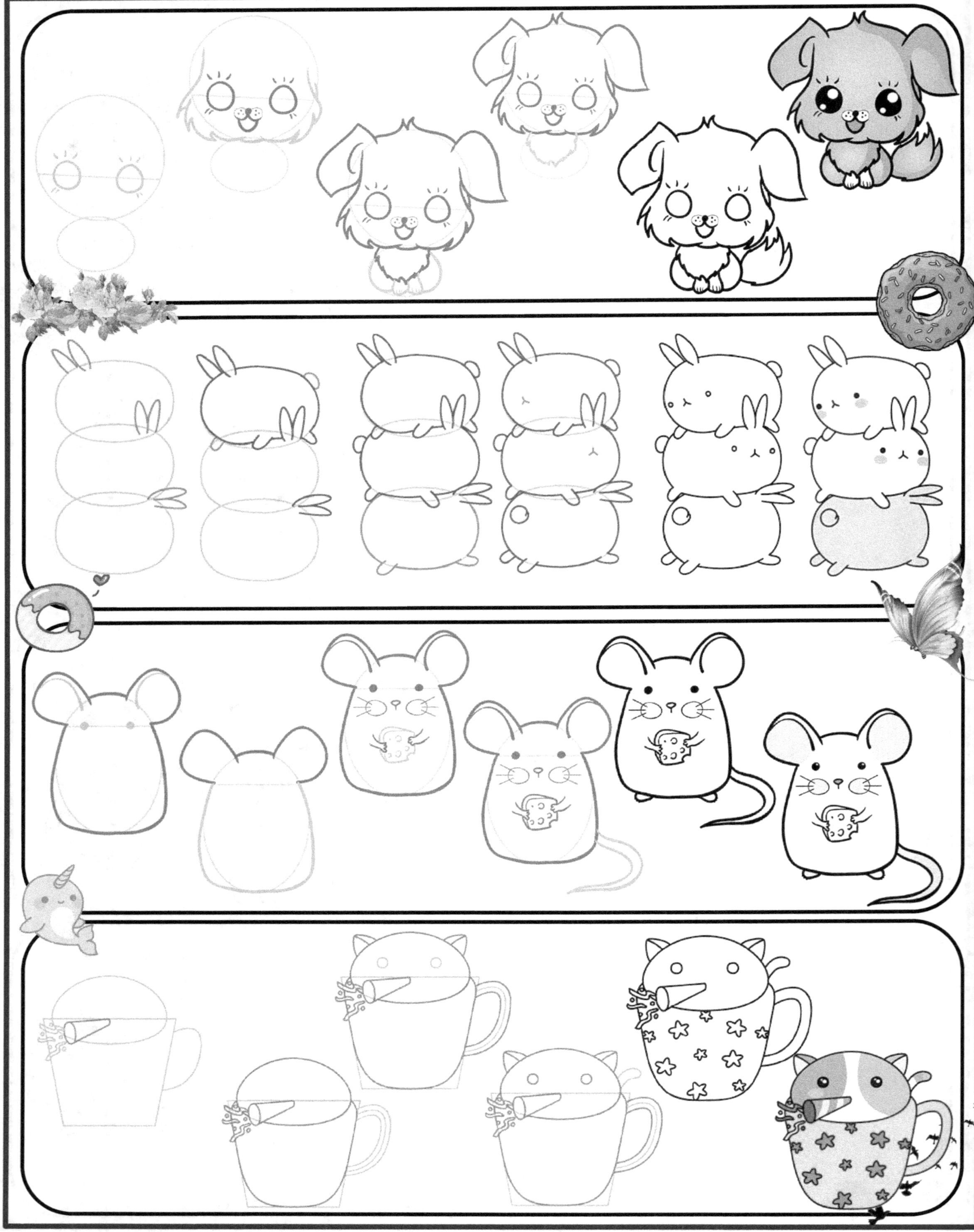

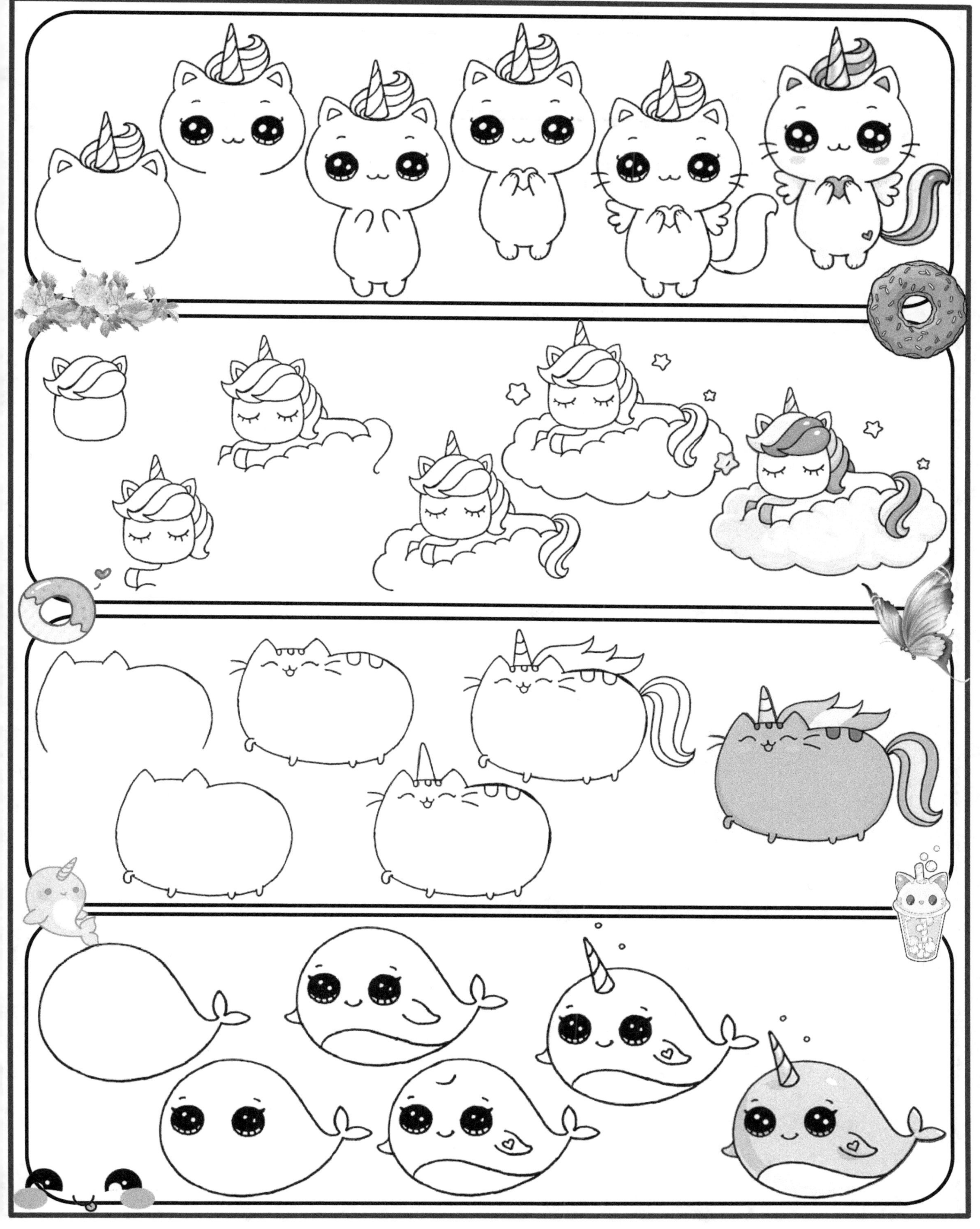

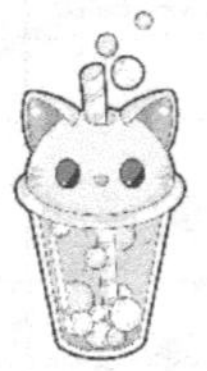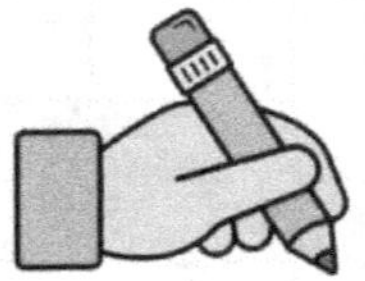

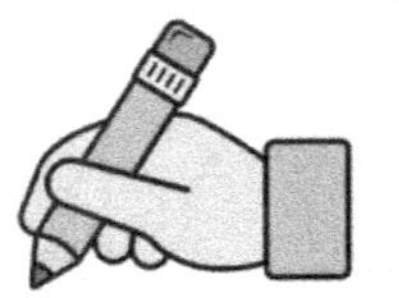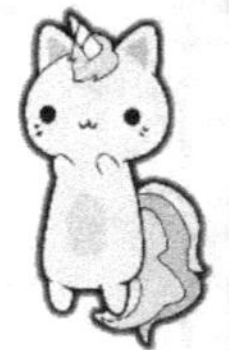

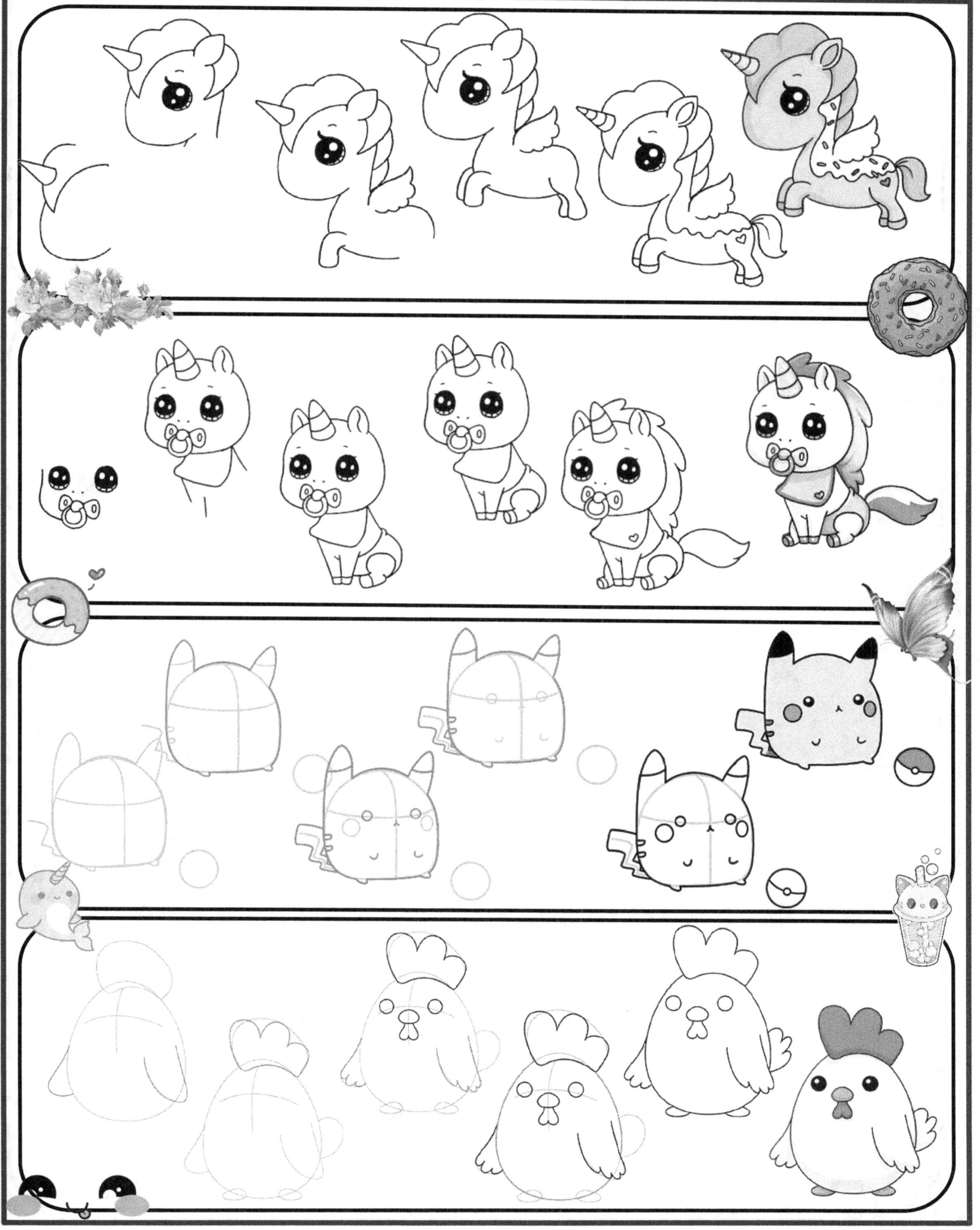

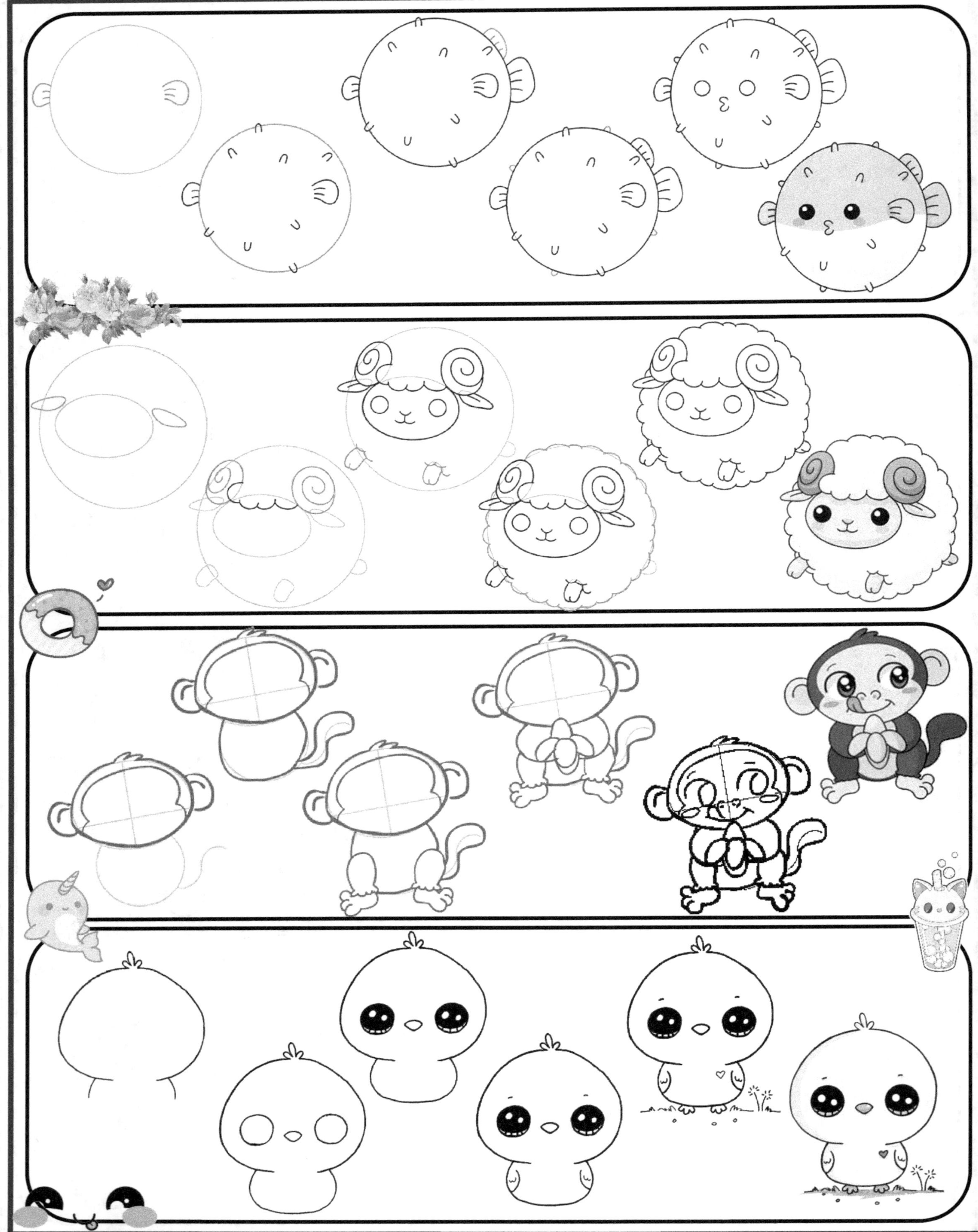

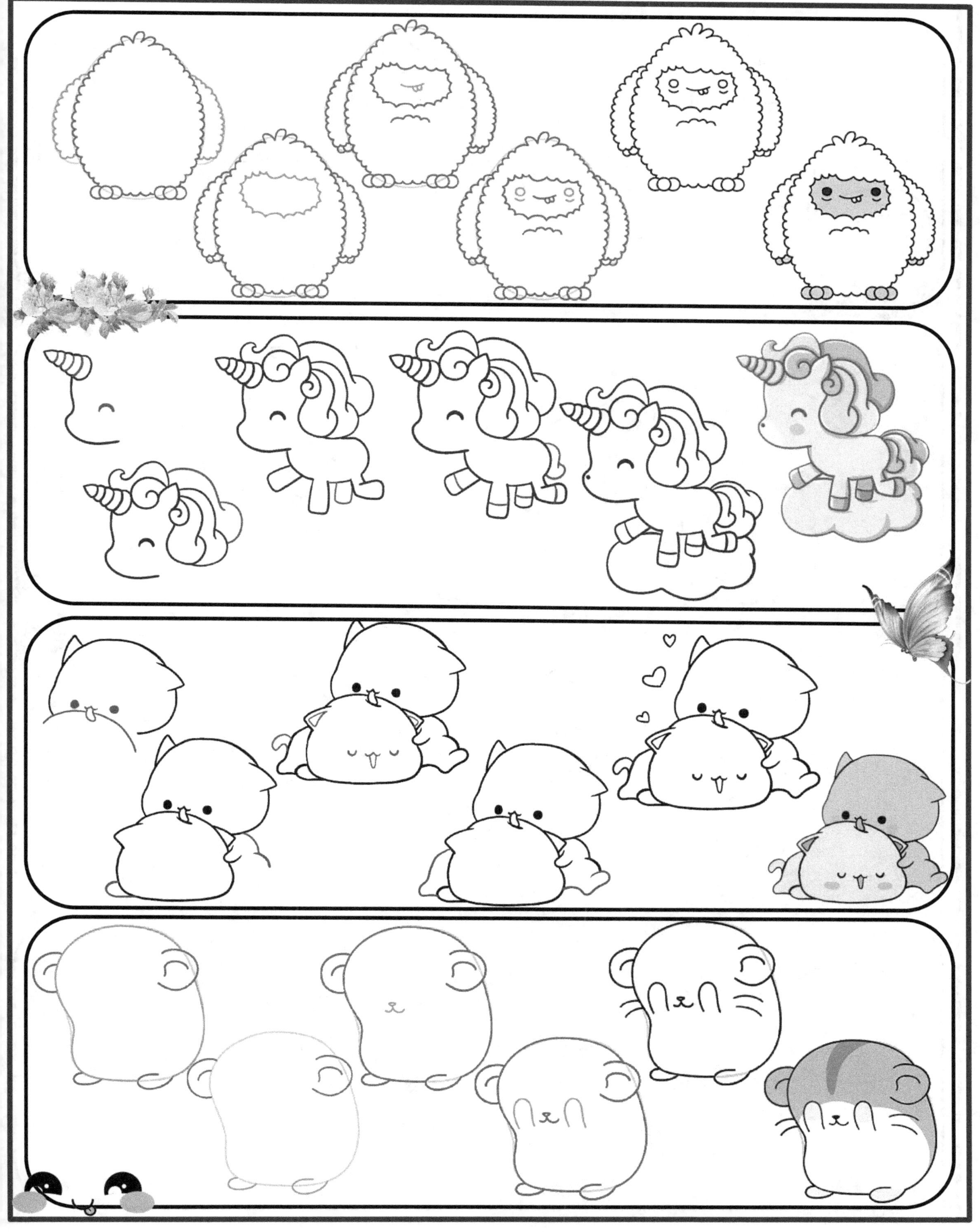

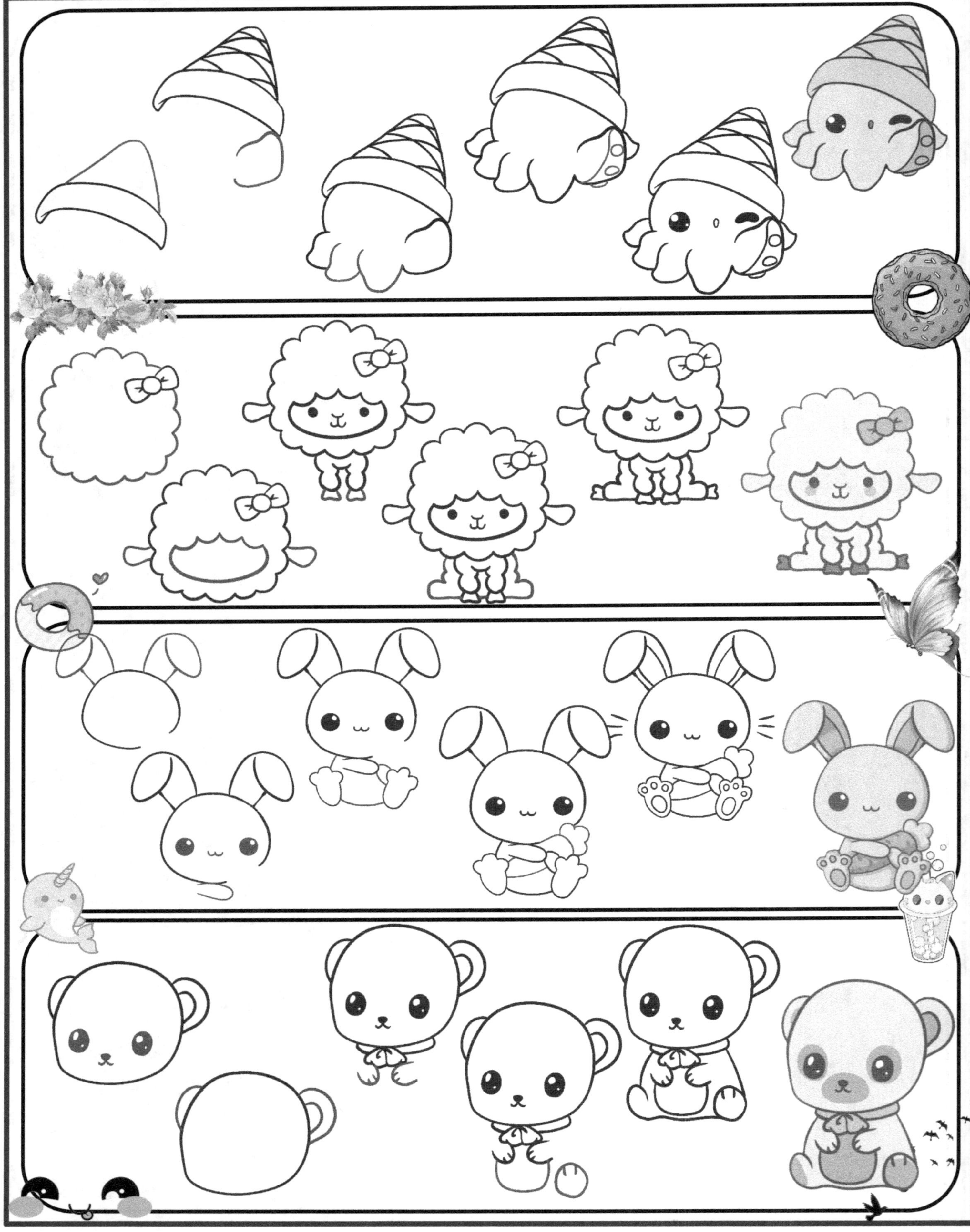

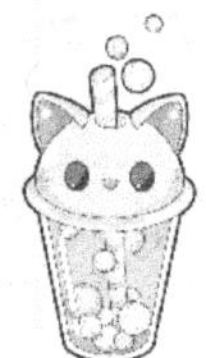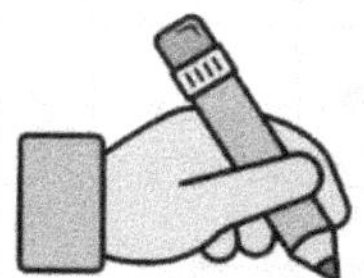

Pratica

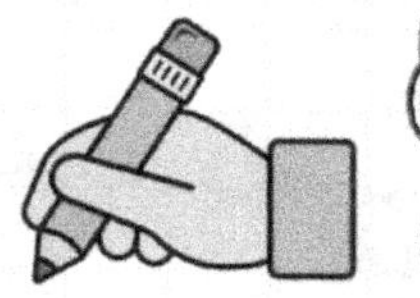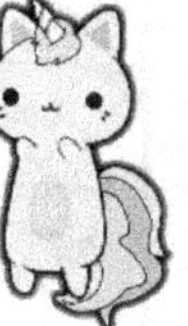

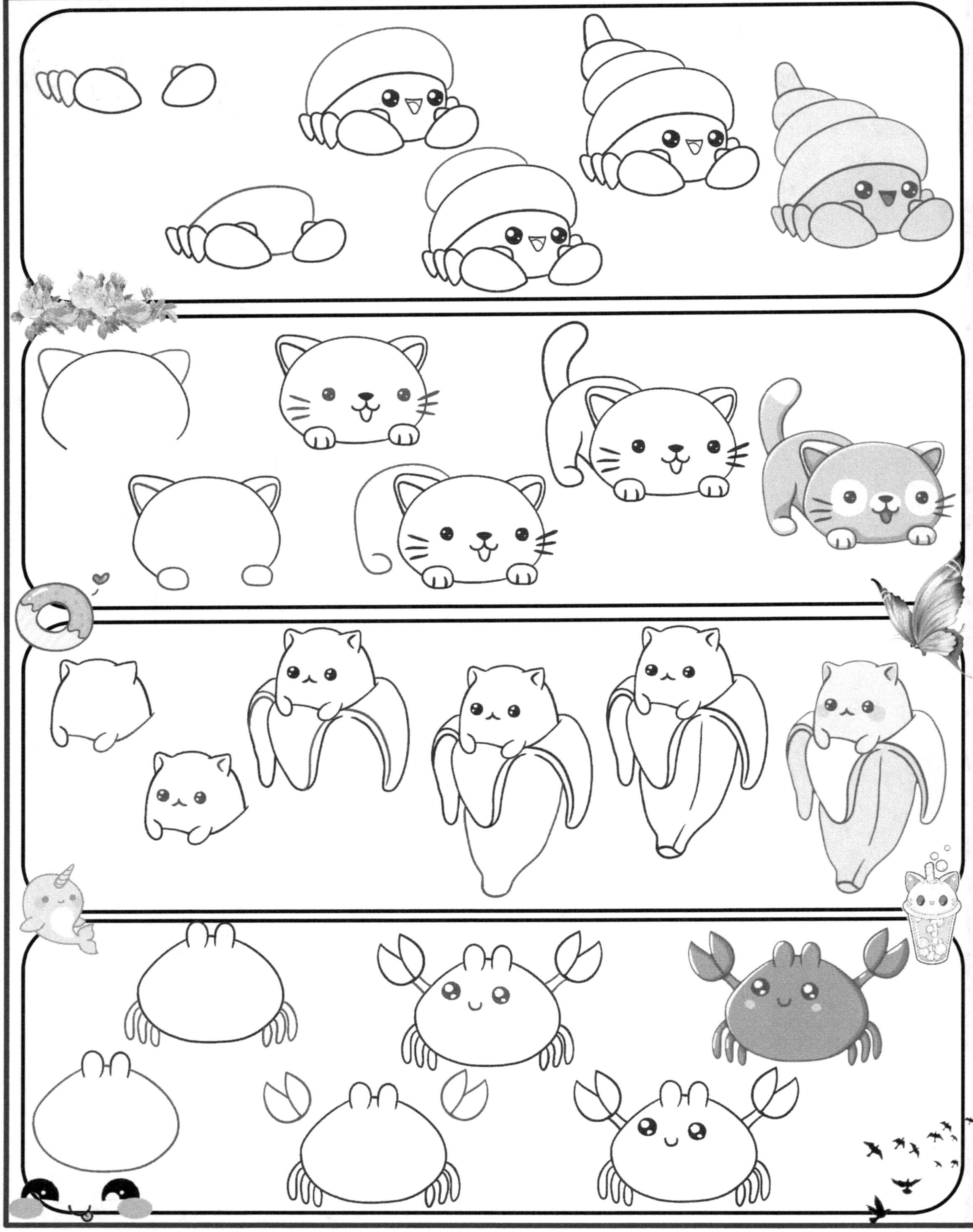

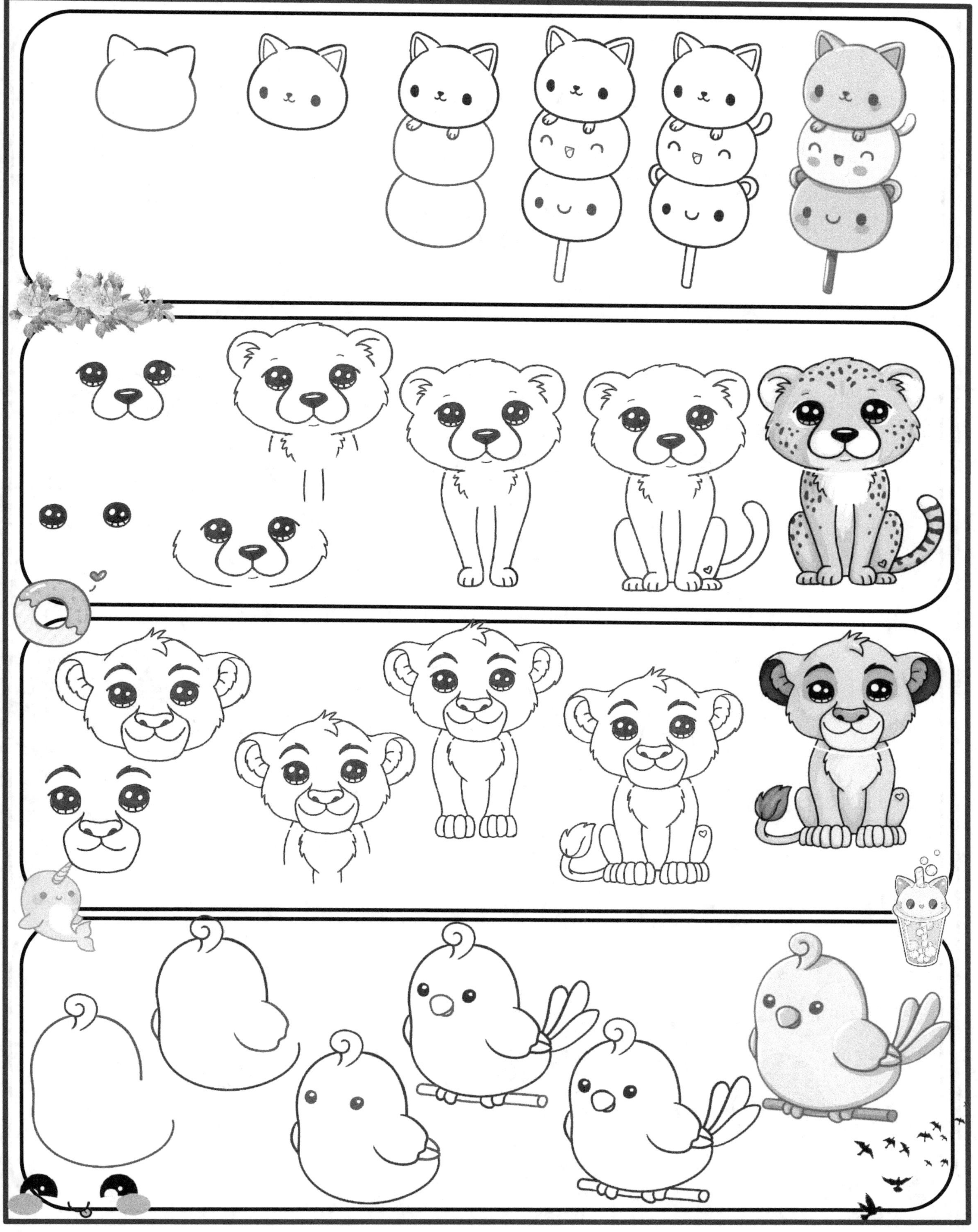

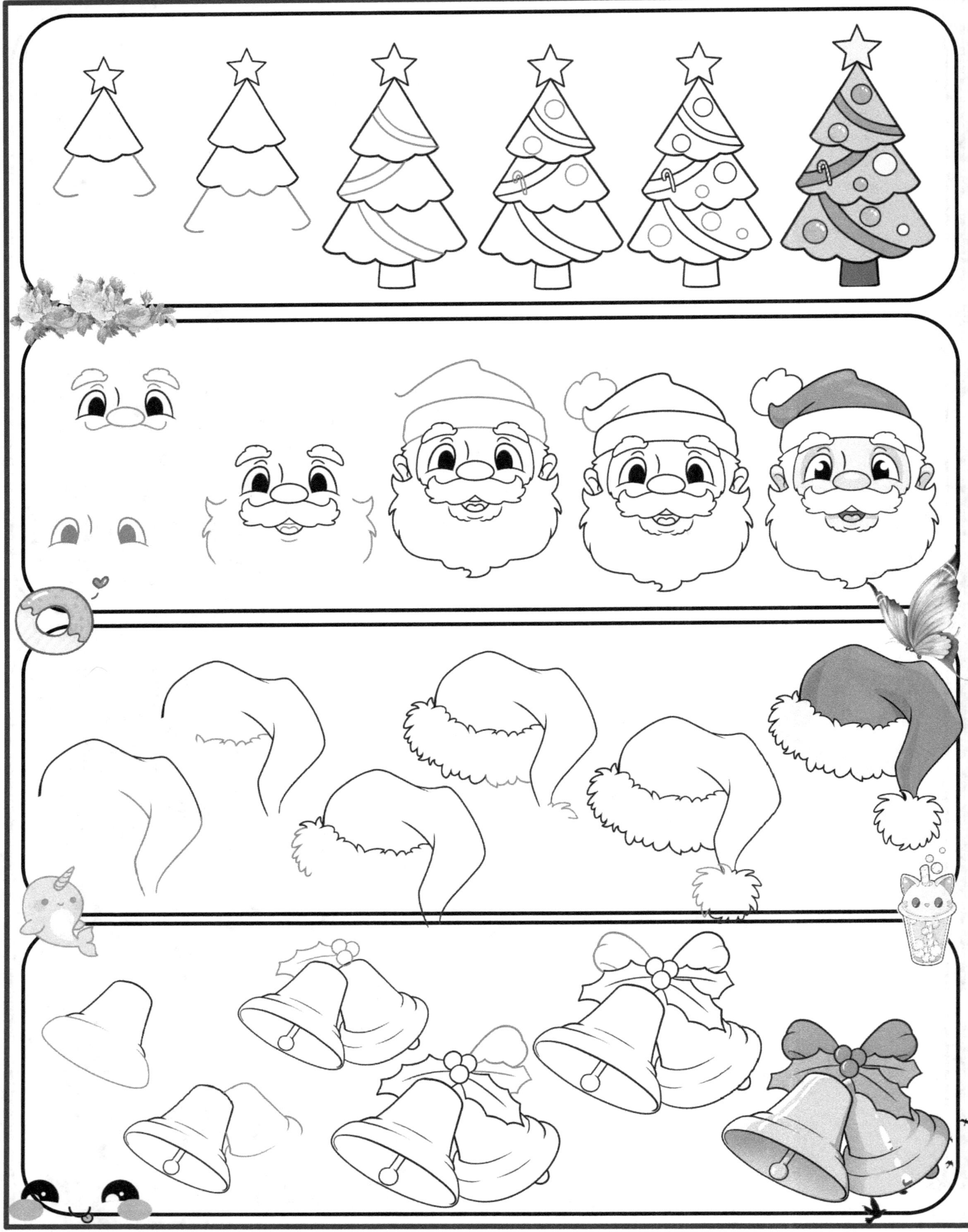

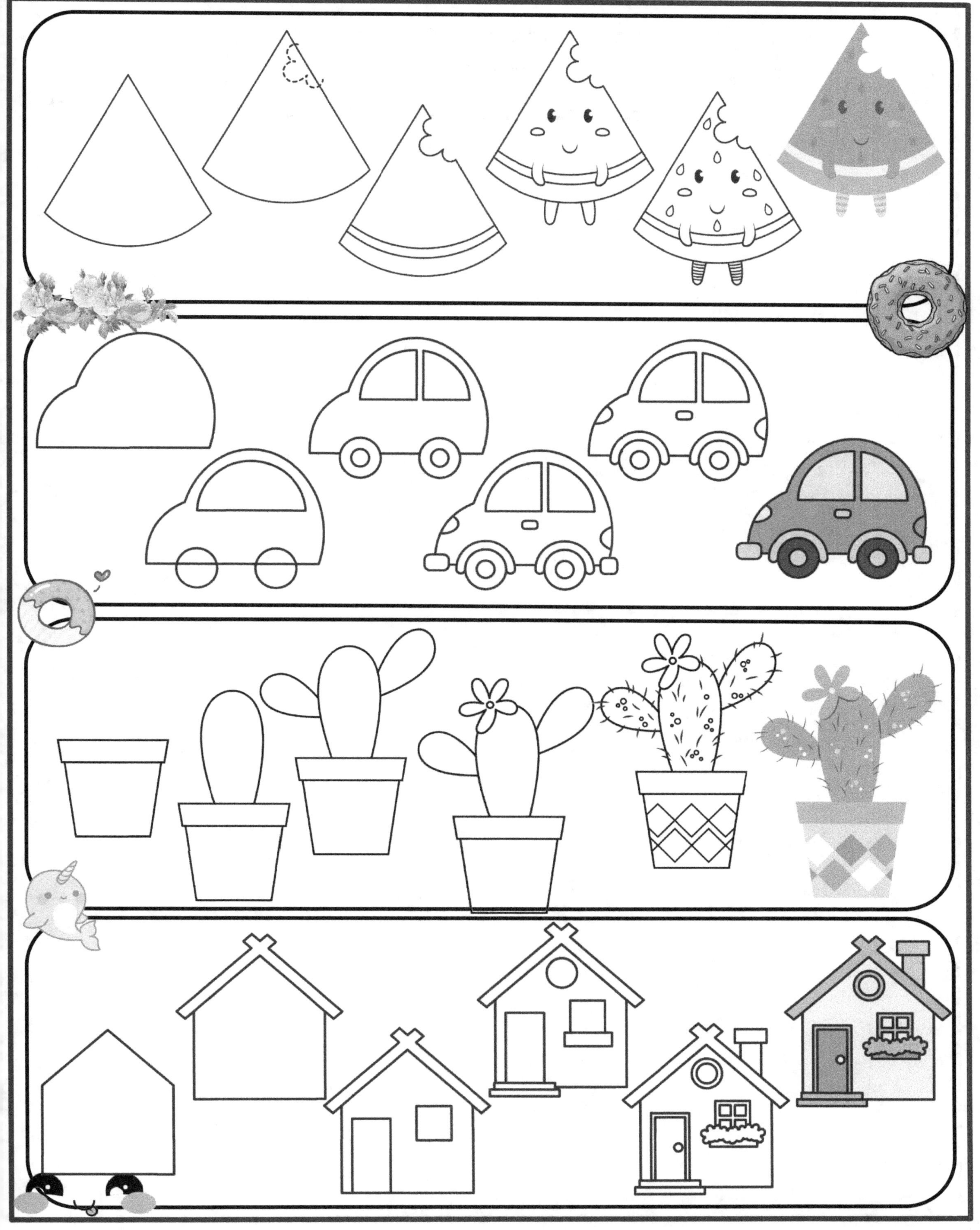

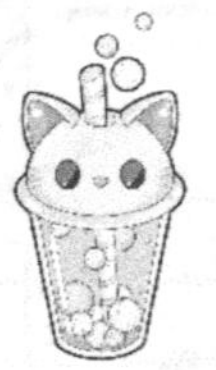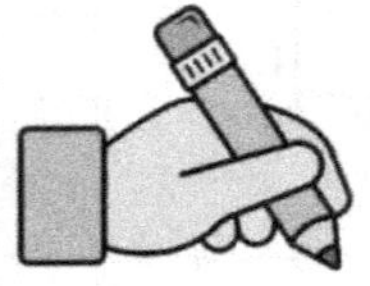

pratica

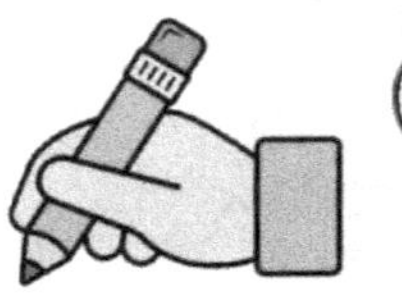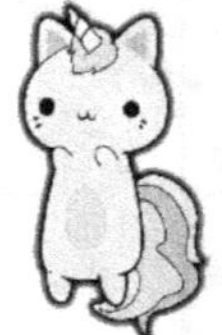

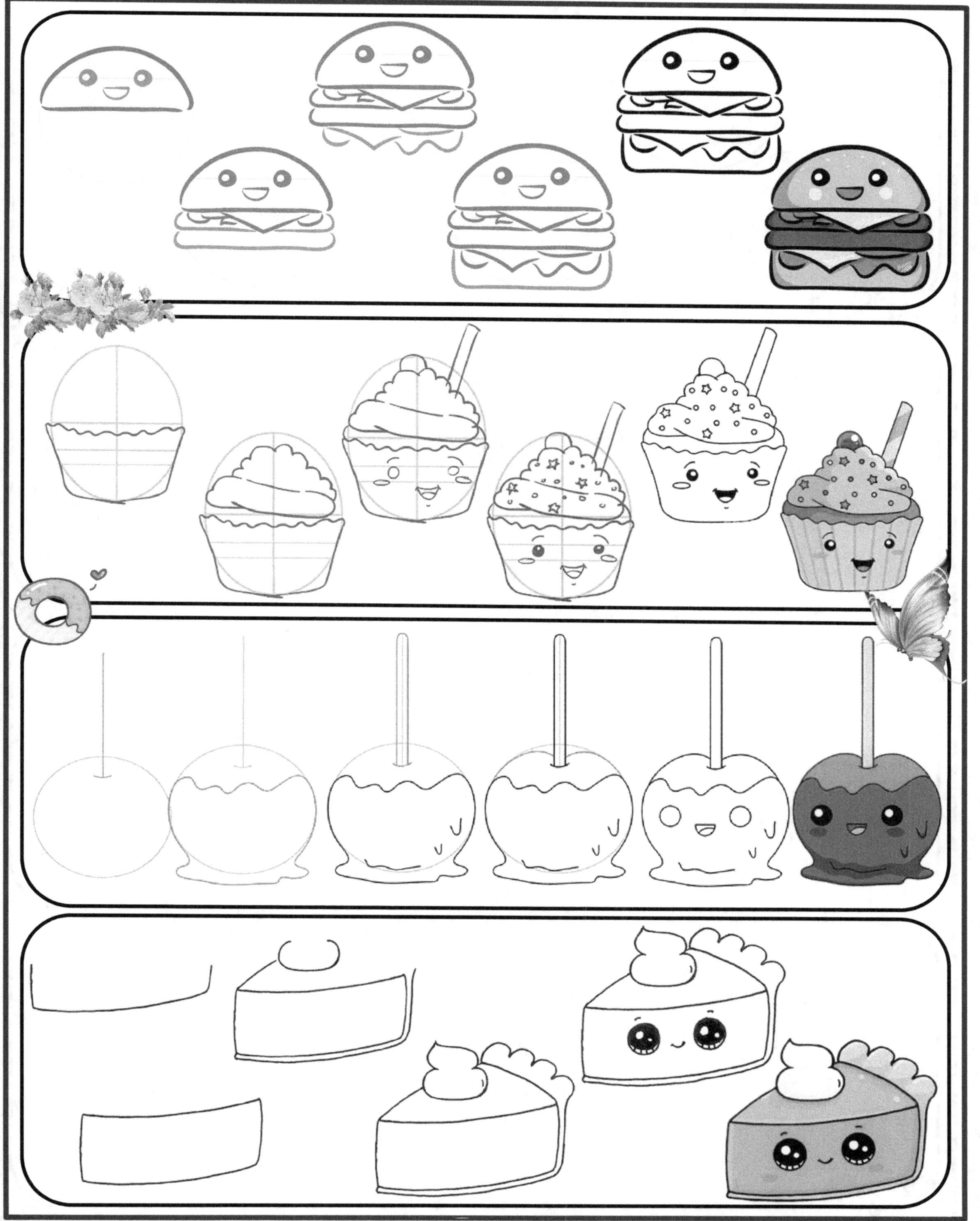

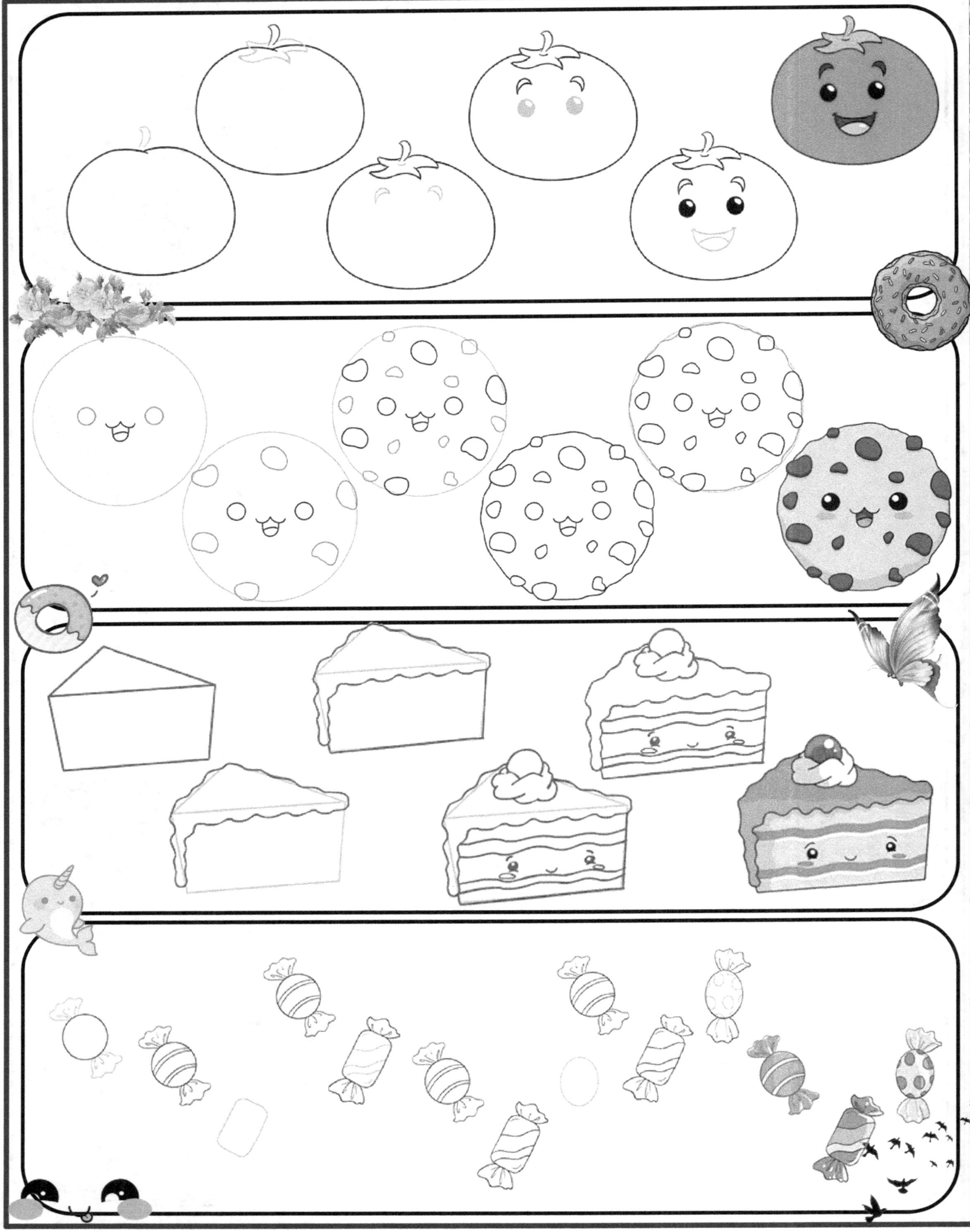

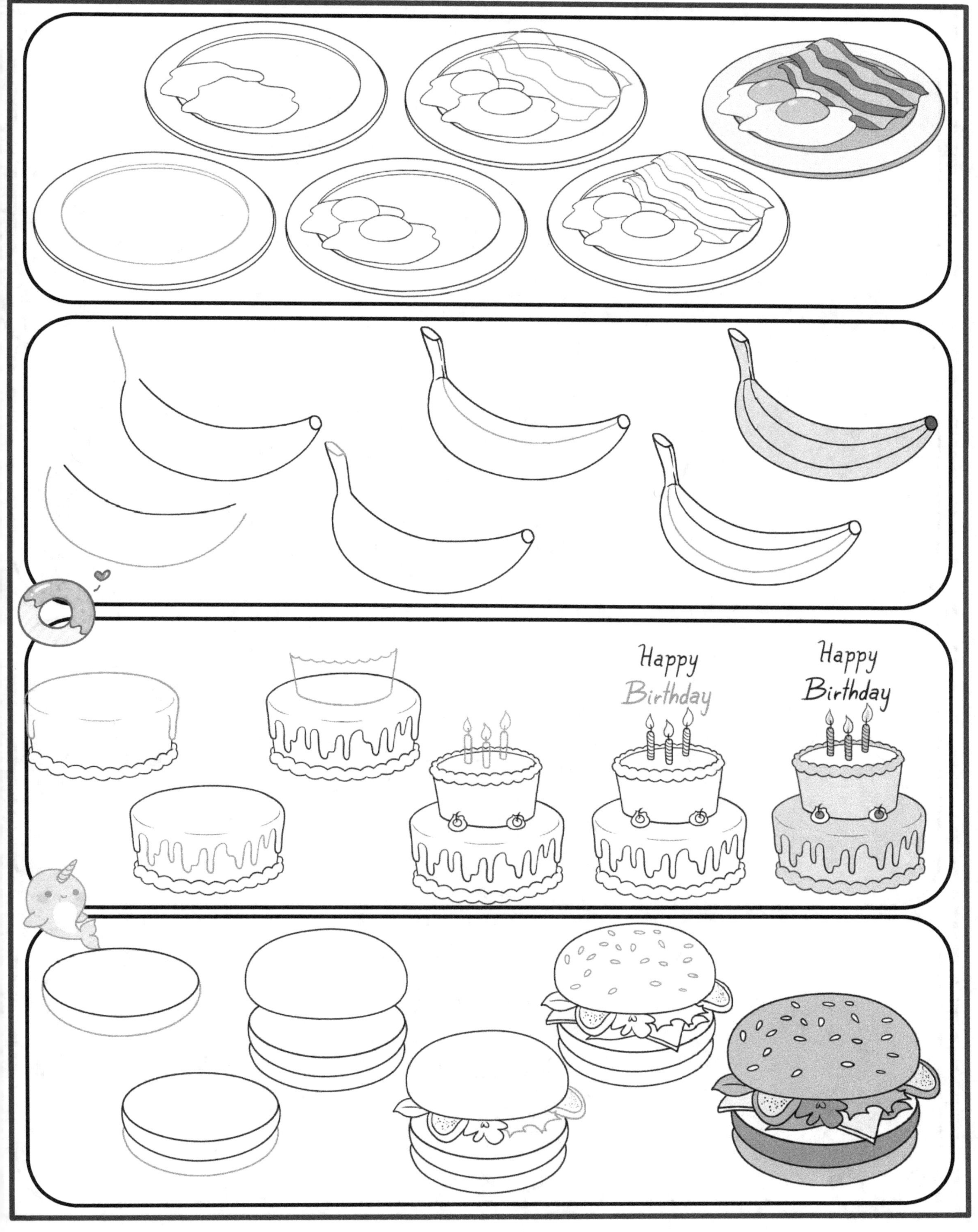

Happy
Birthday
Happy
Birthday

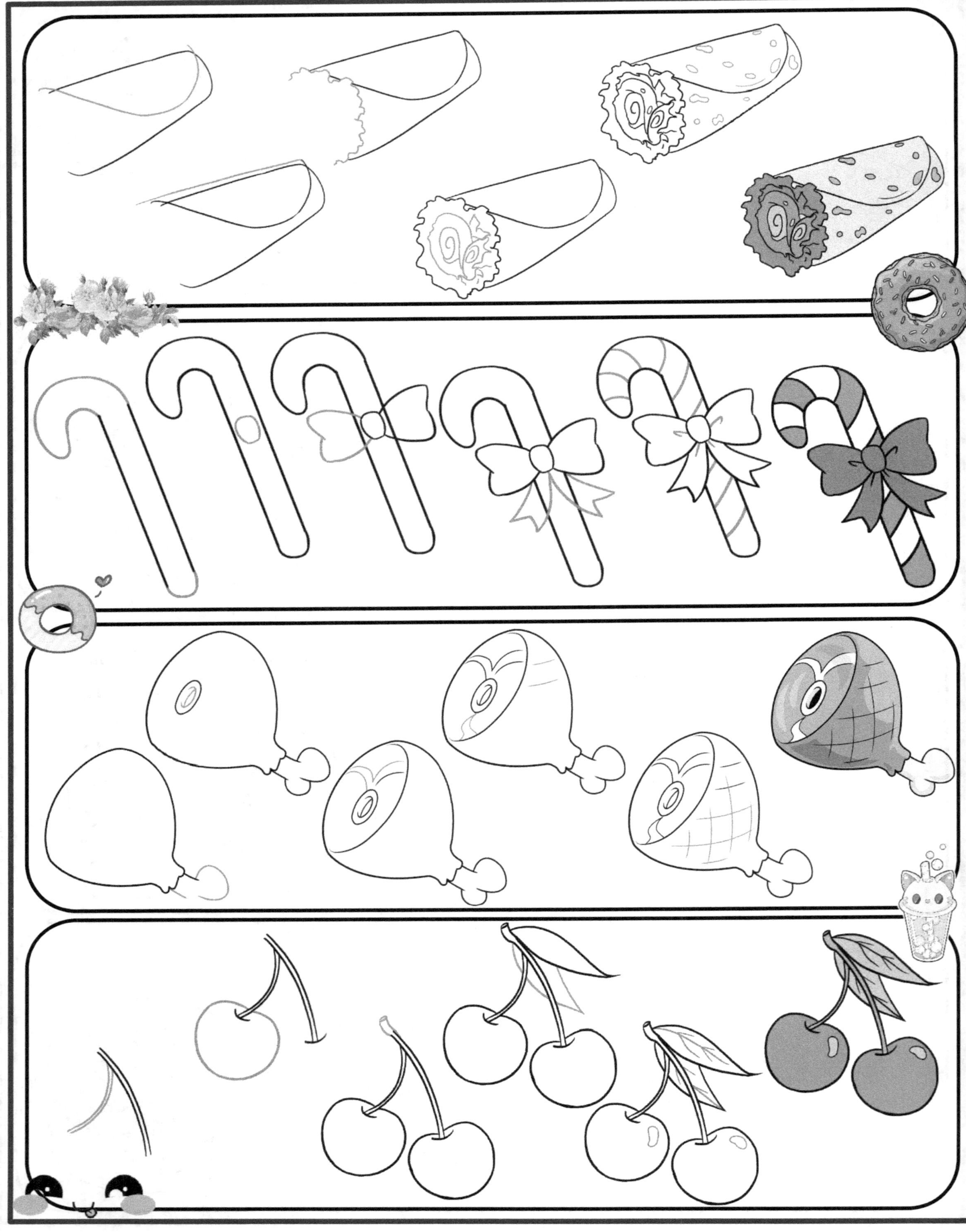

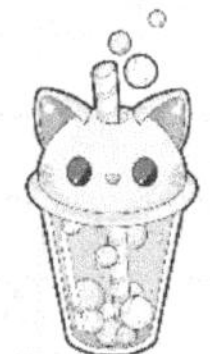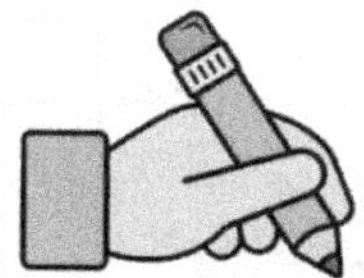

Pratica

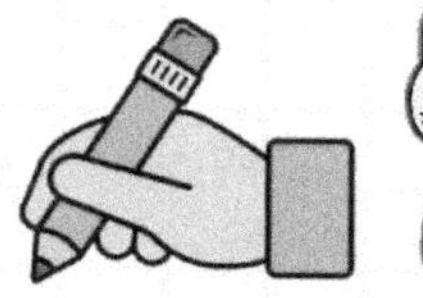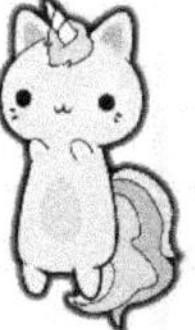

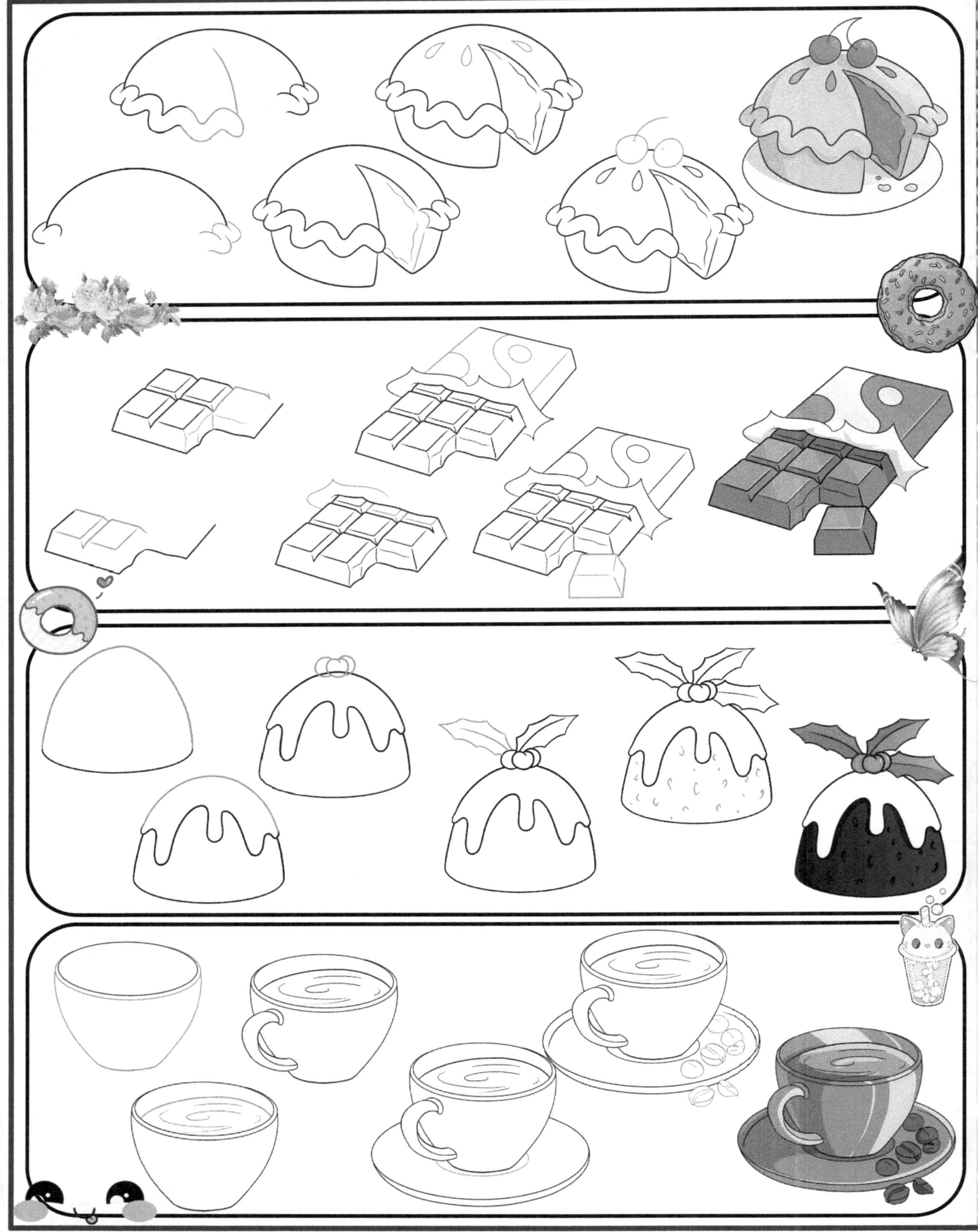

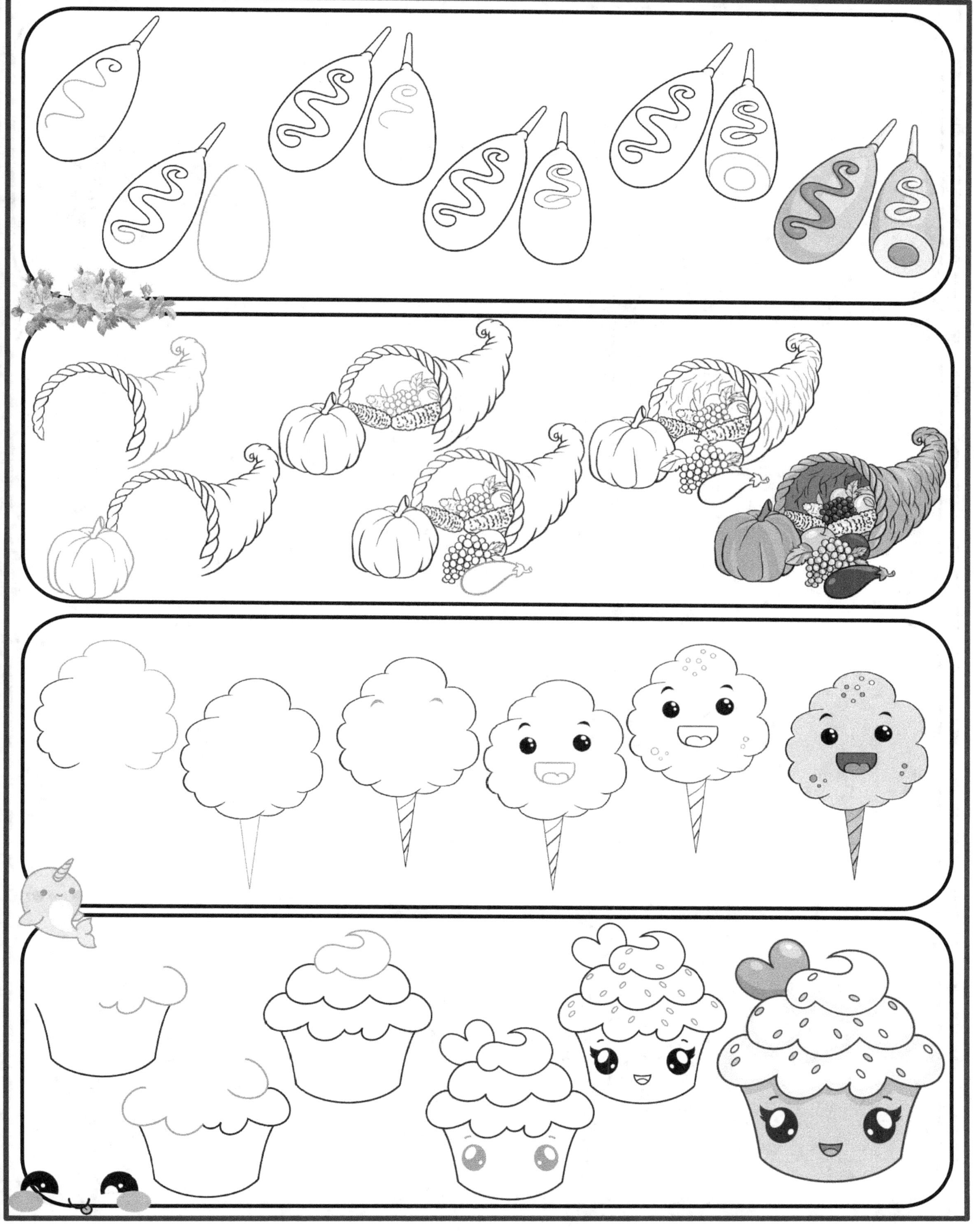

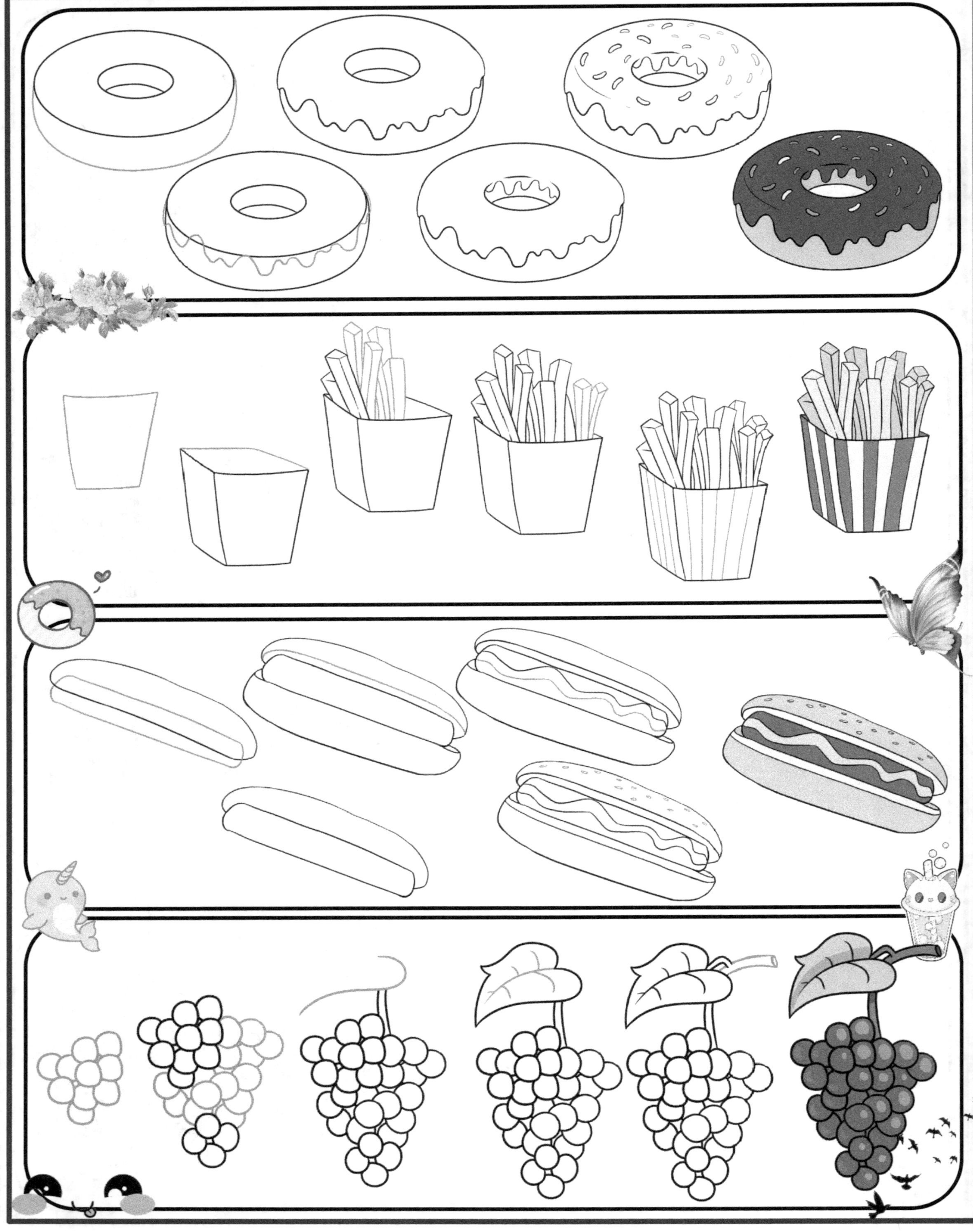

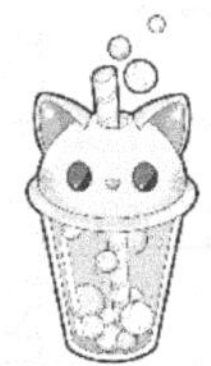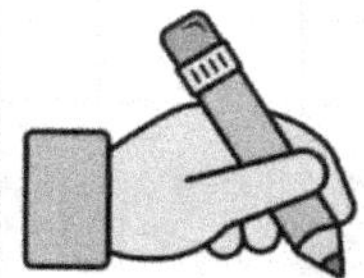

Pratica

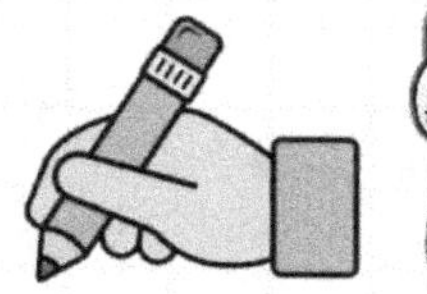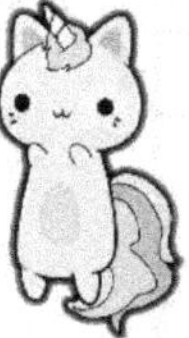

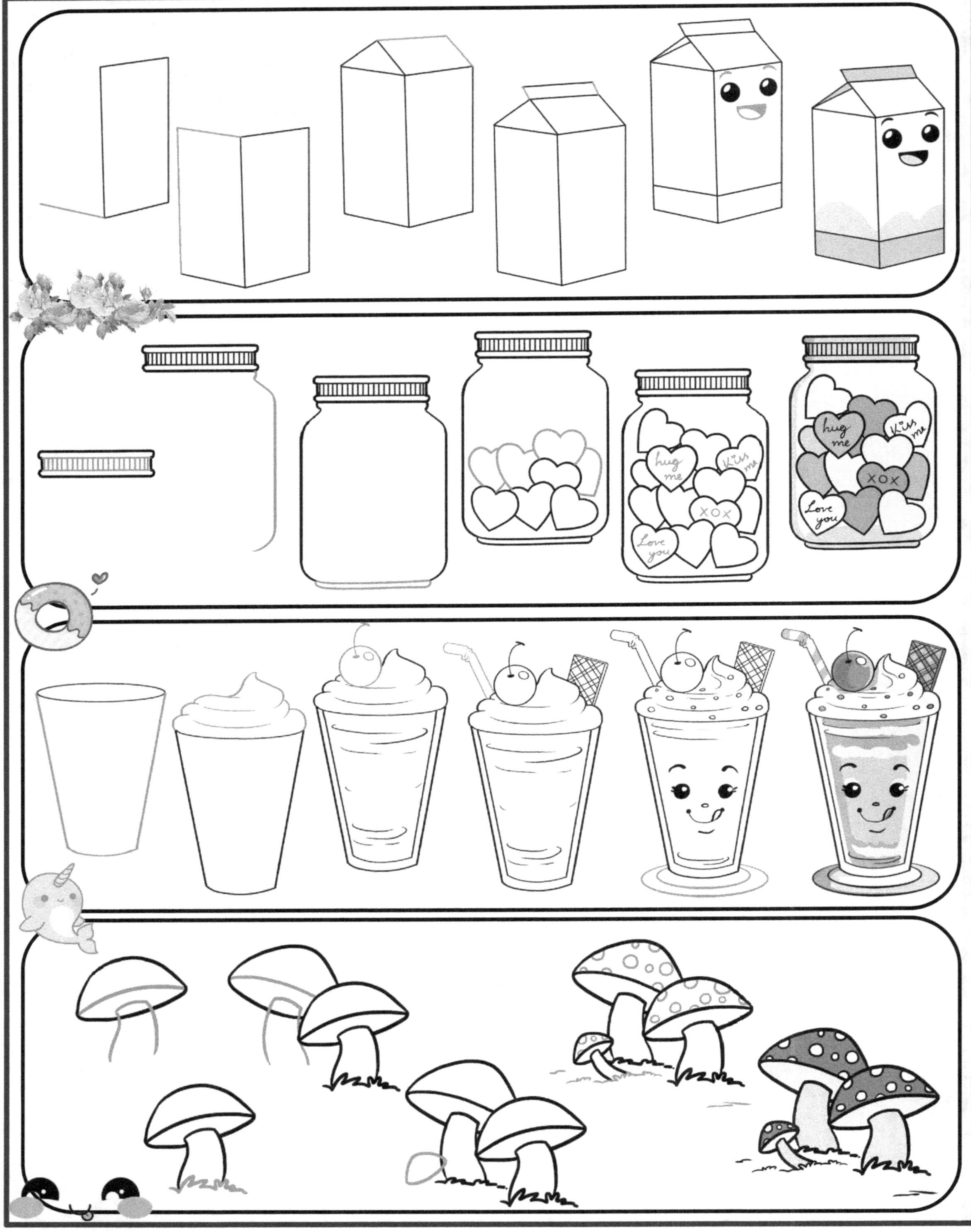

hug me
kiss me
XOX
Love you

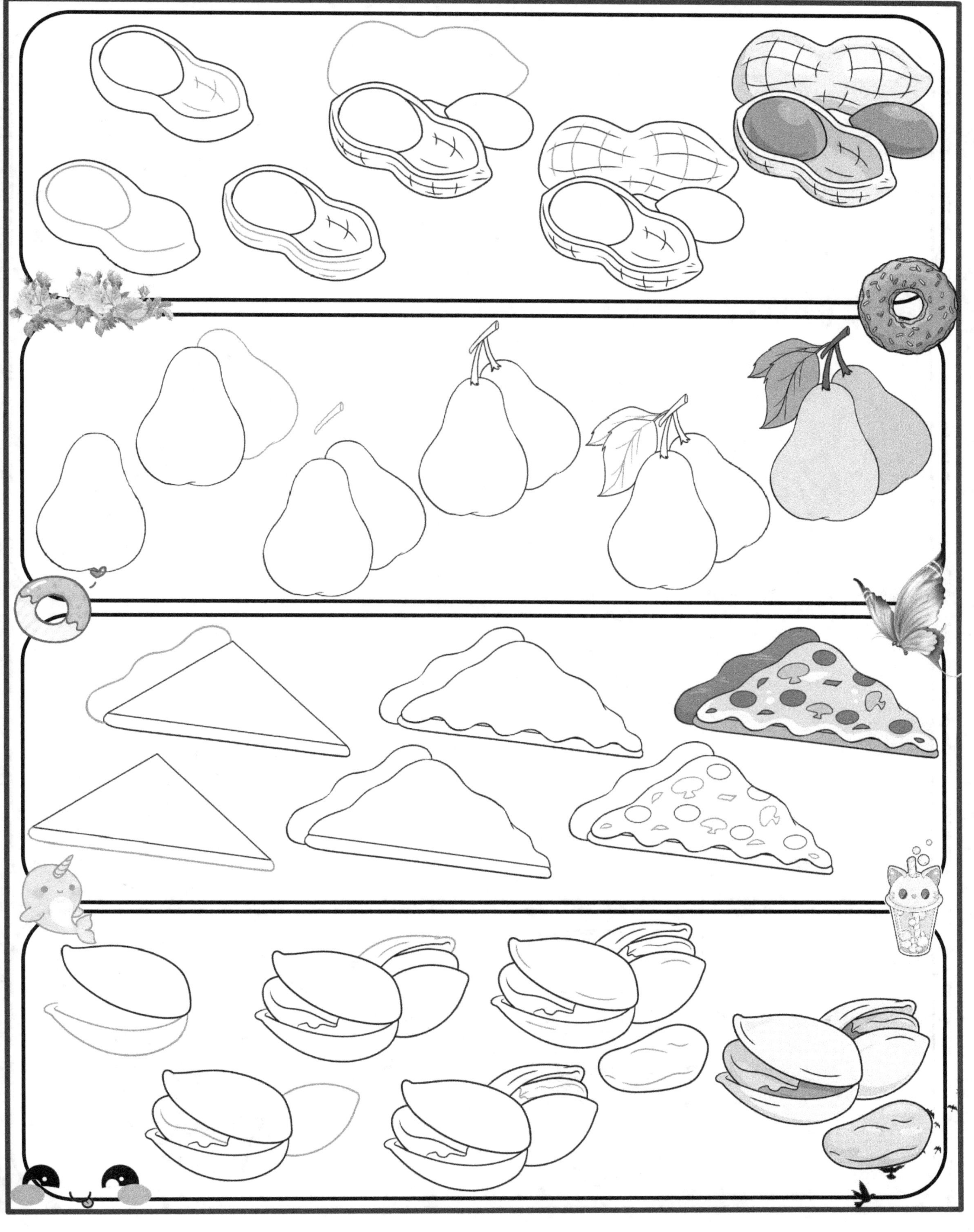

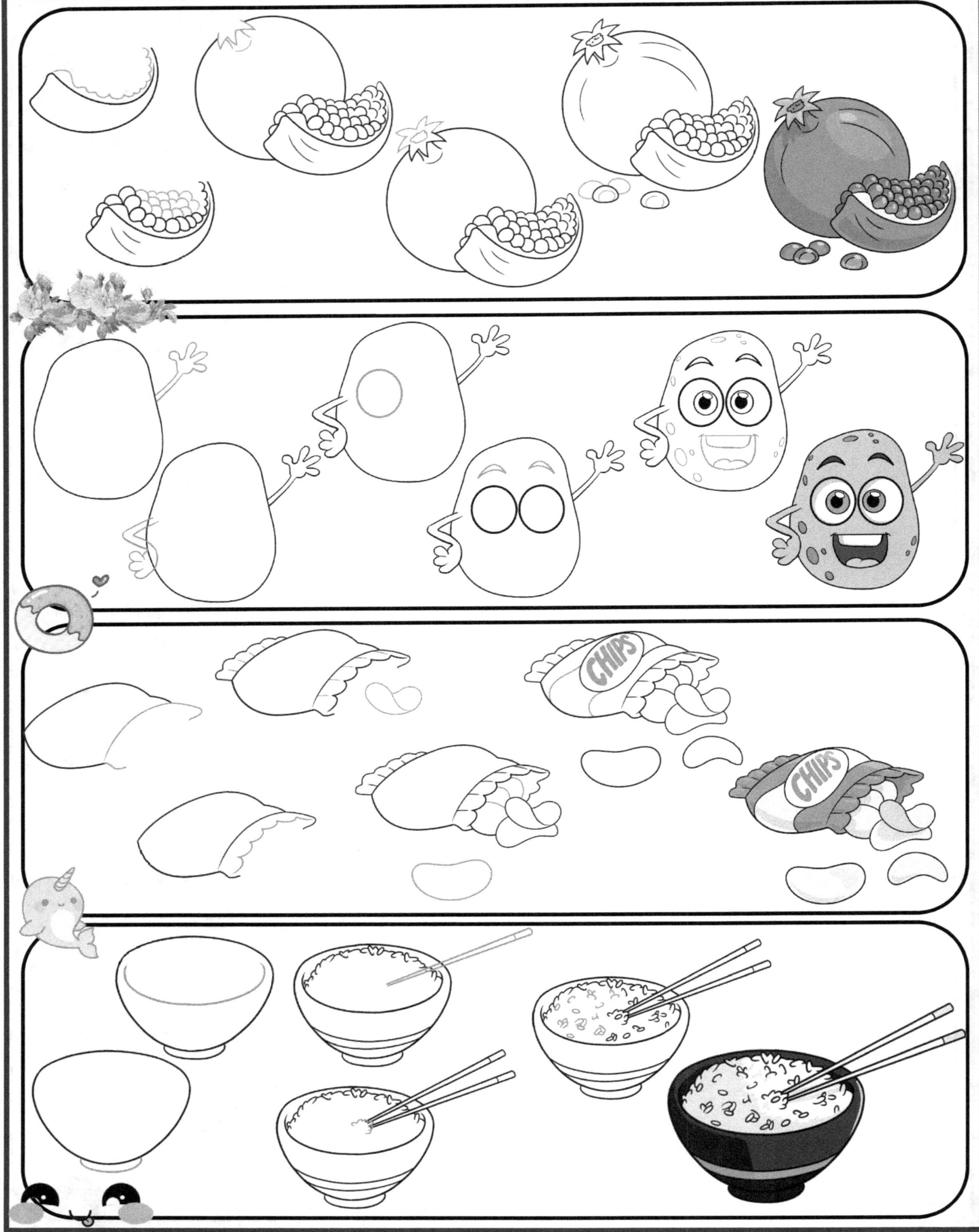
CHIPS
CHIPS

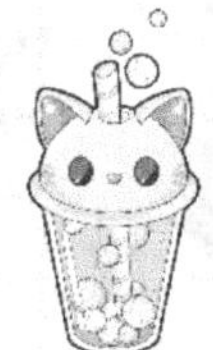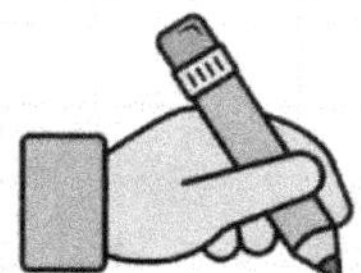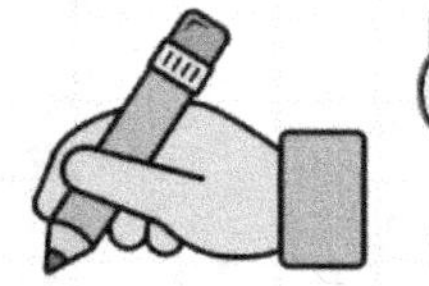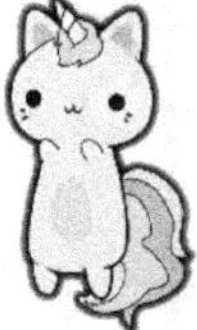

pratica

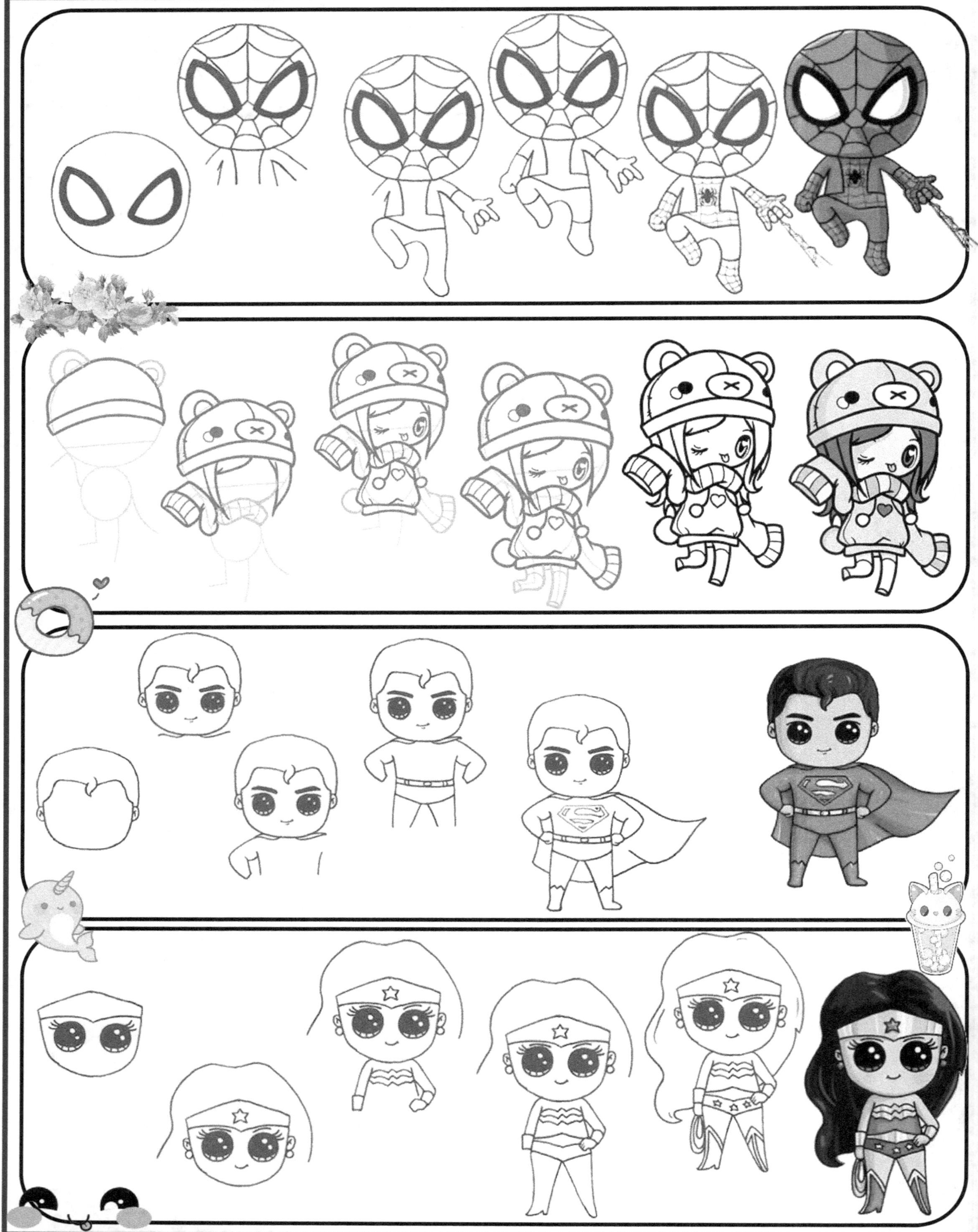

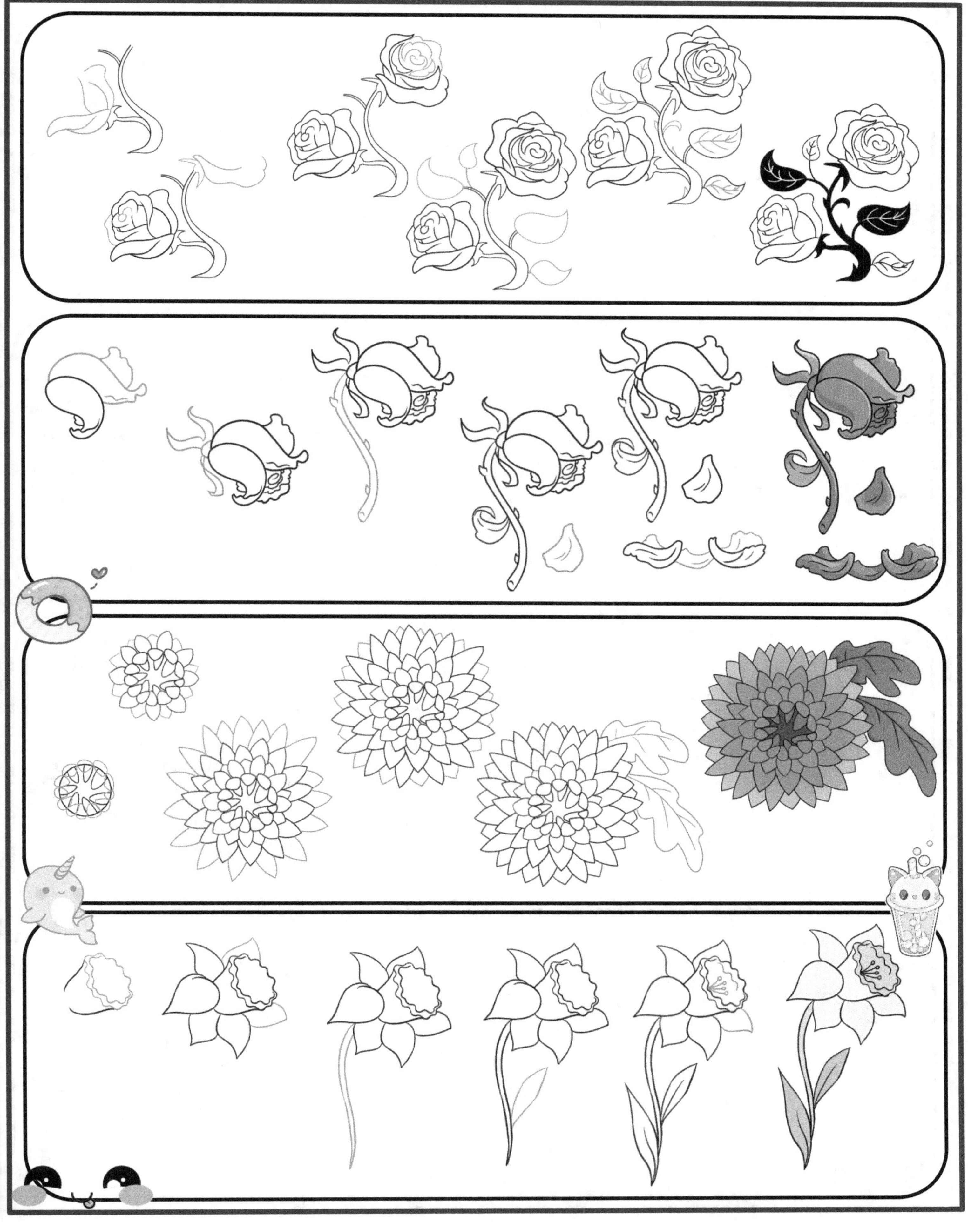

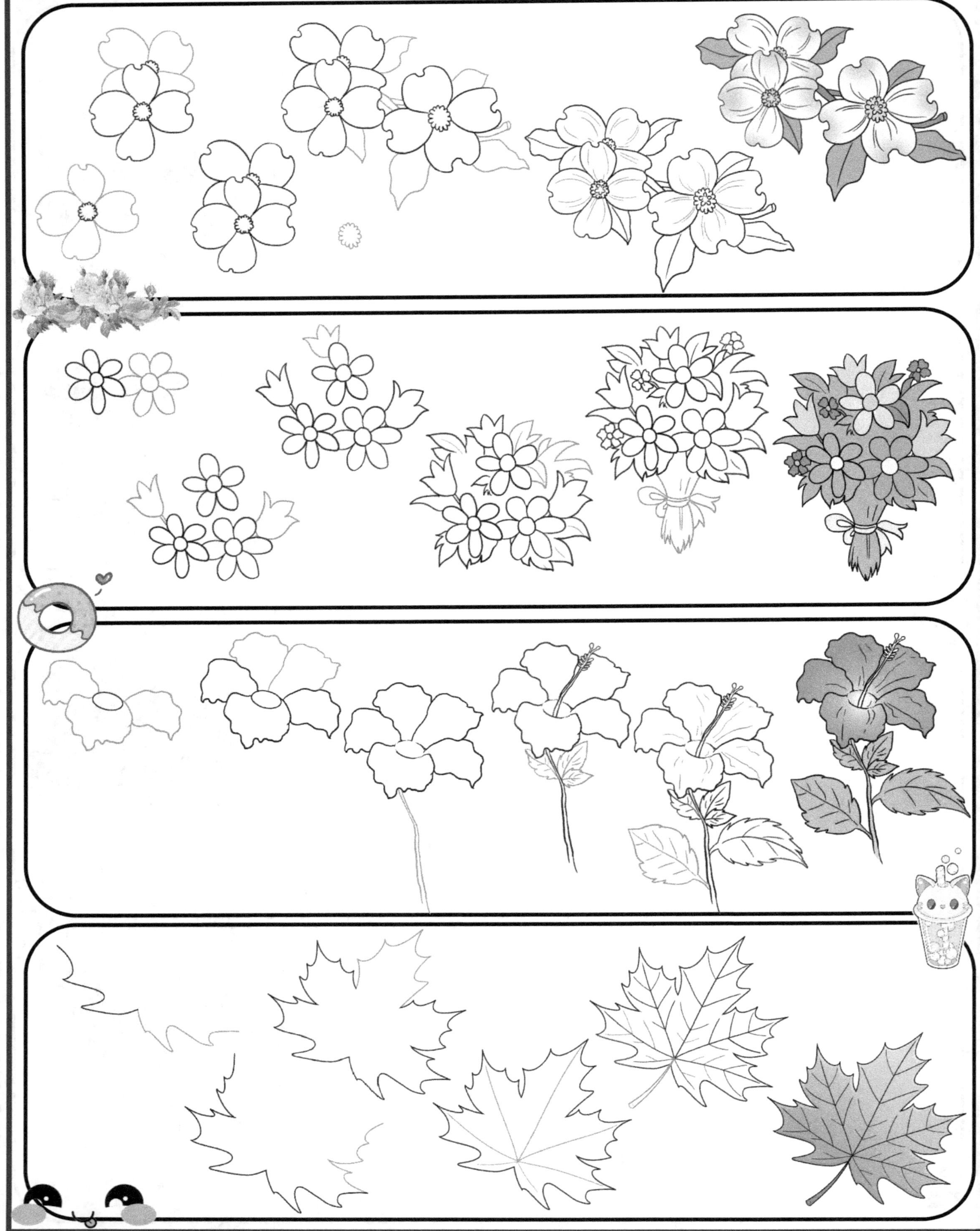

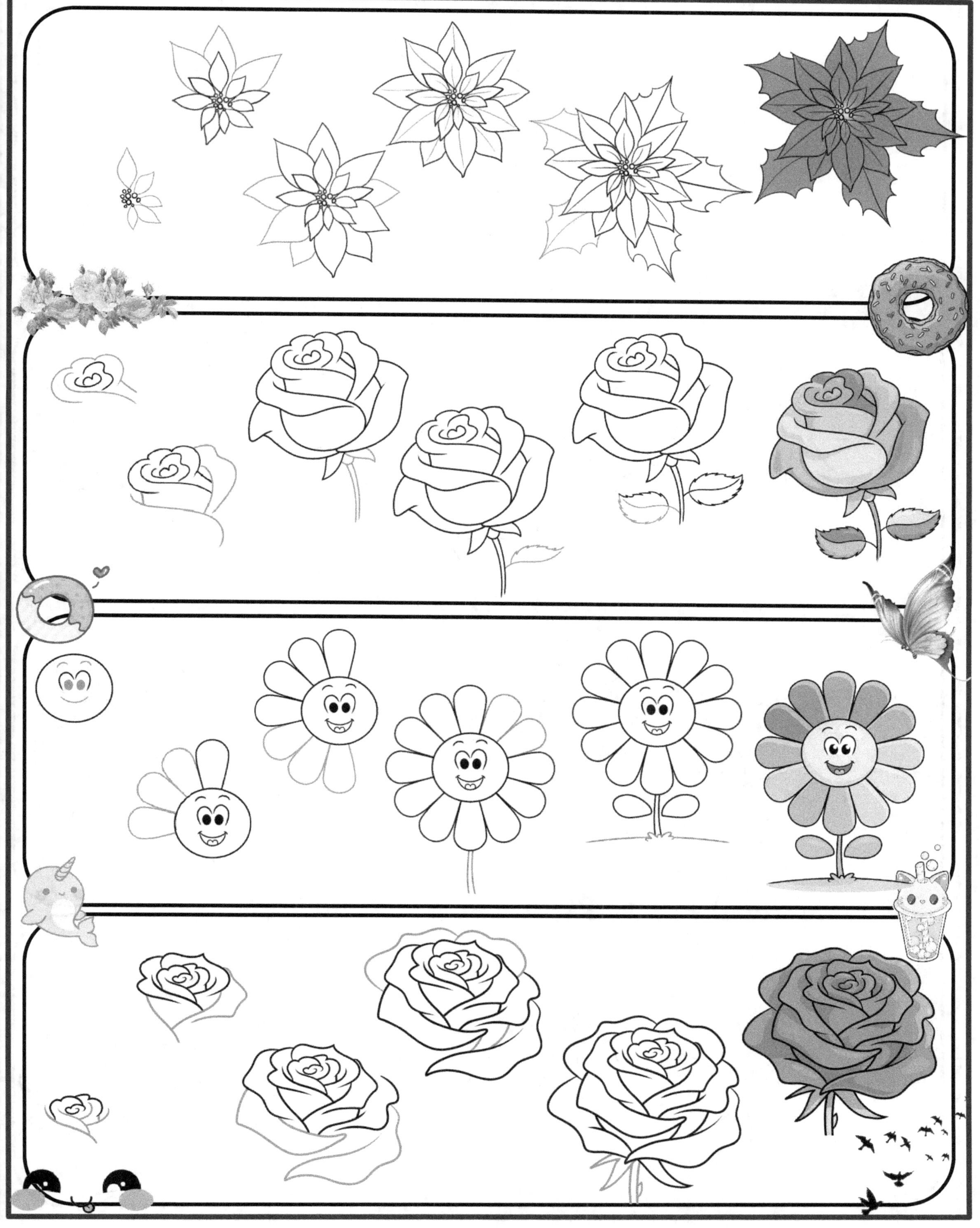

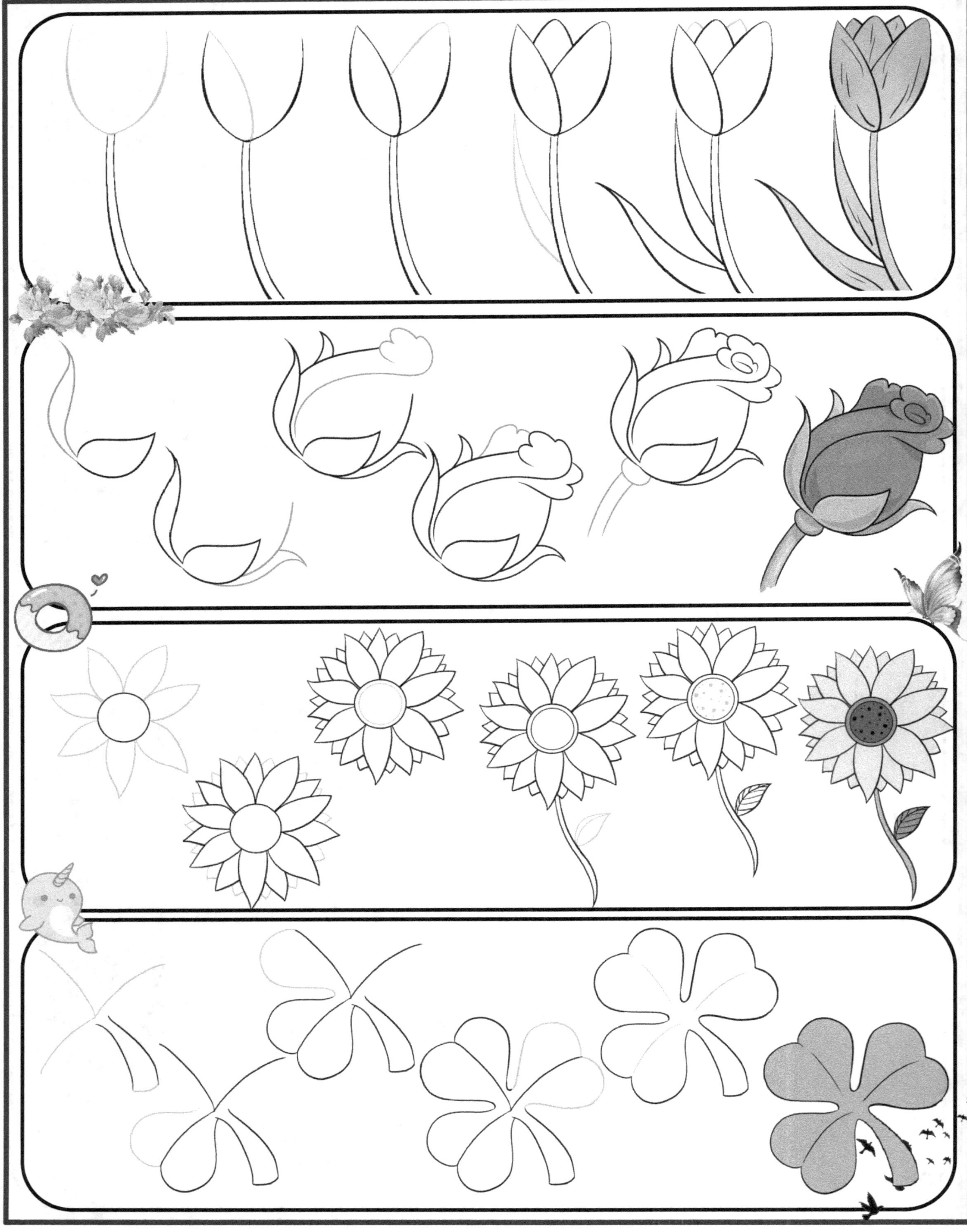

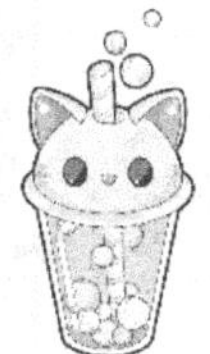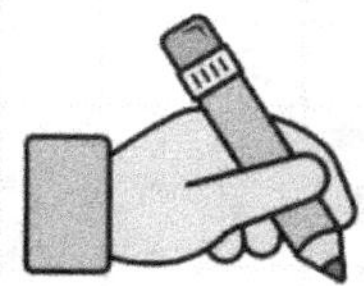

Pratica

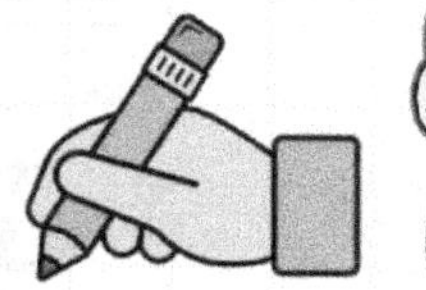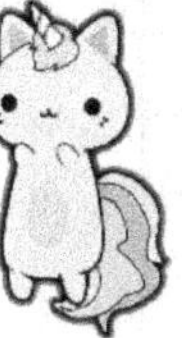

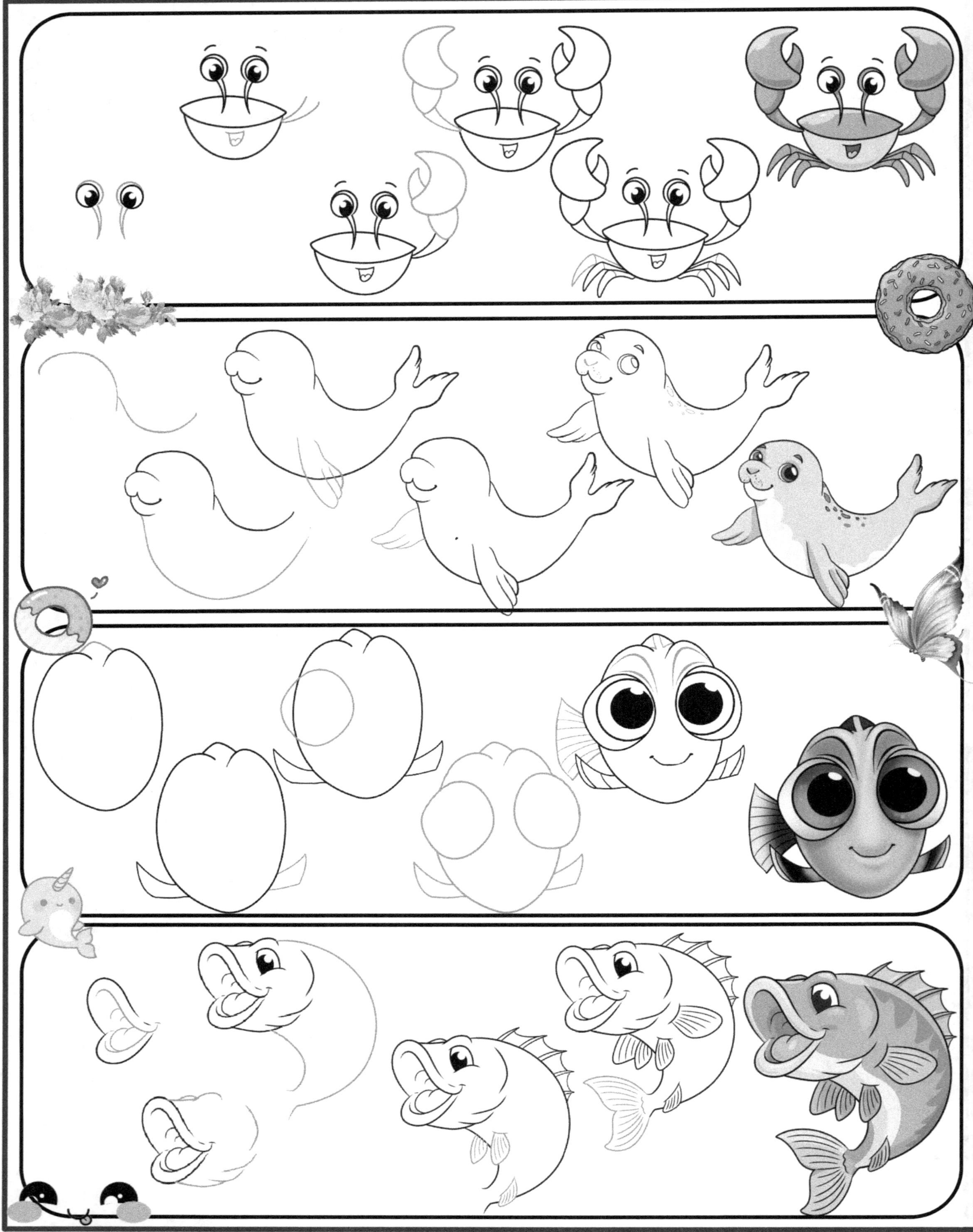

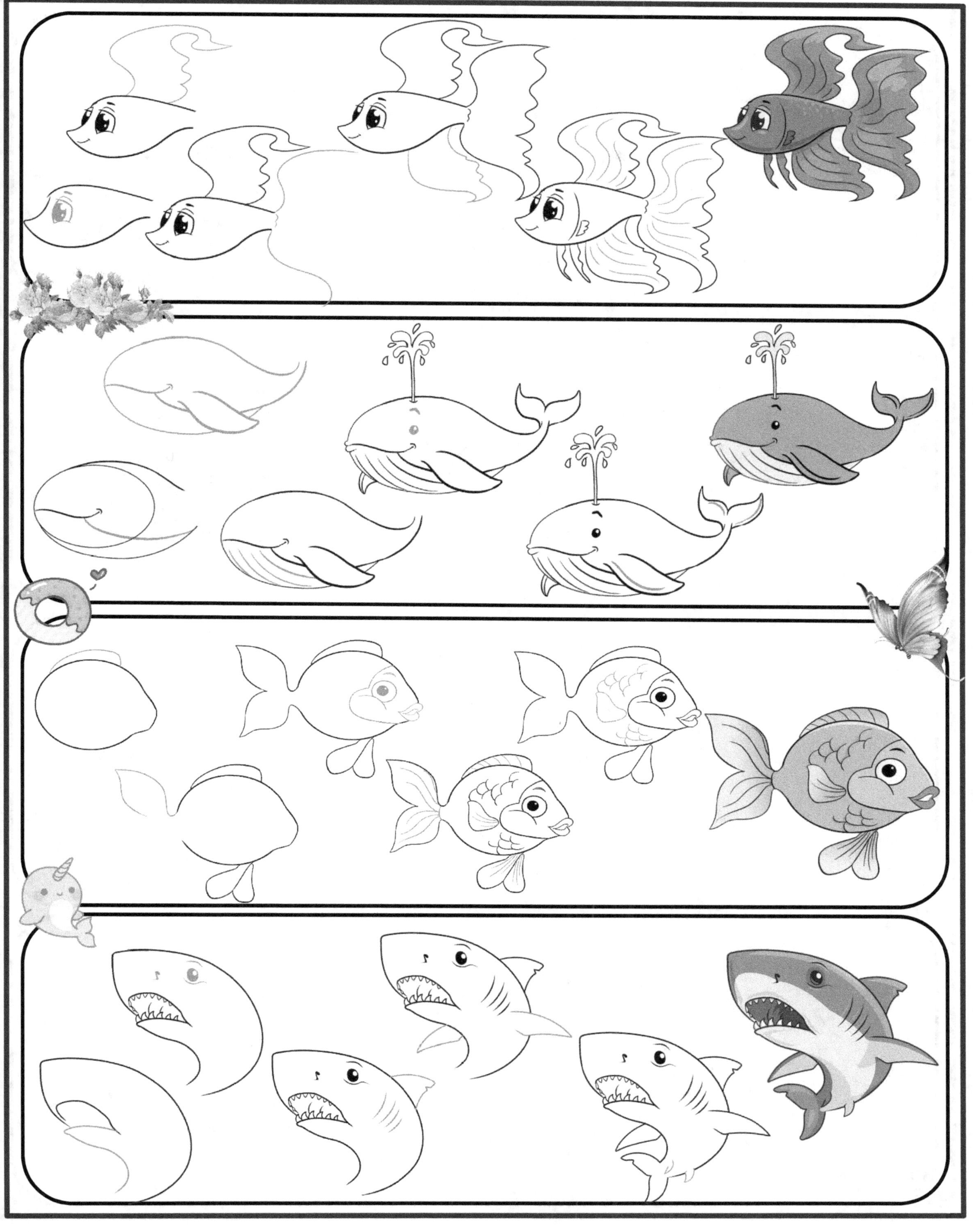

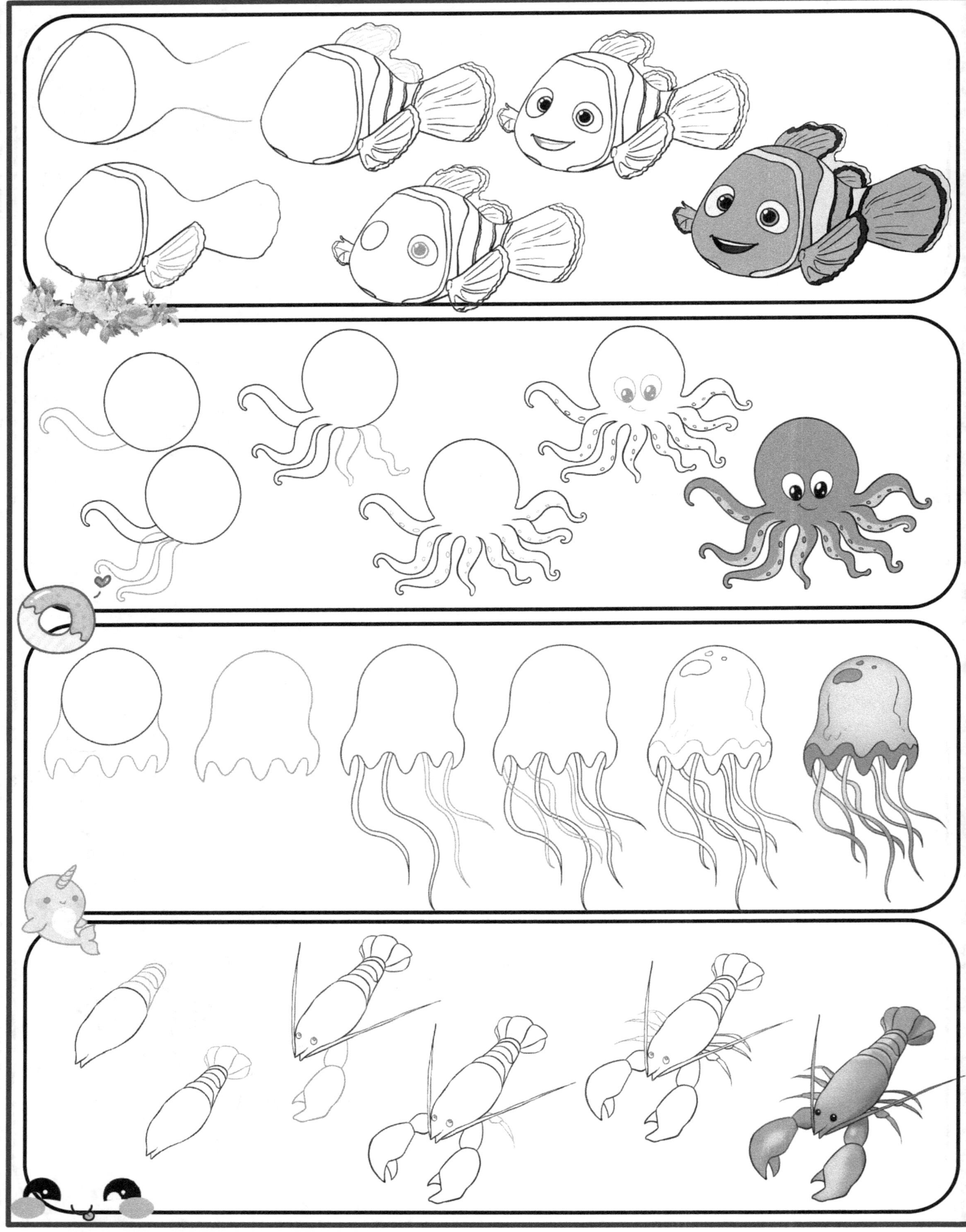

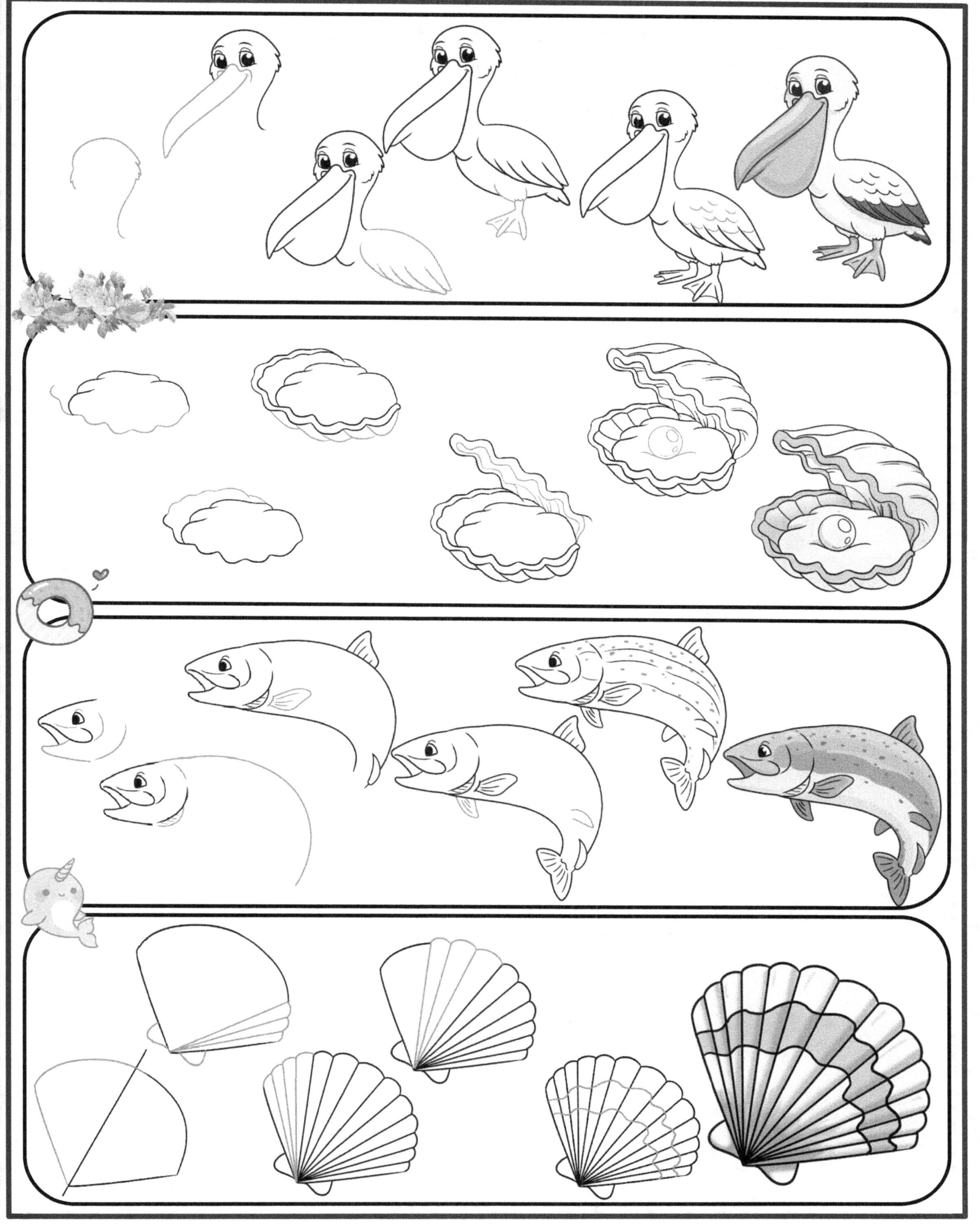

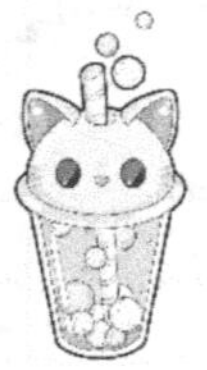 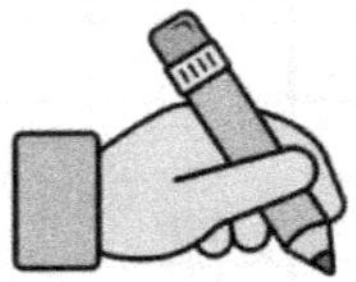

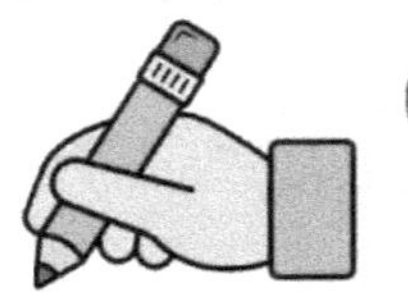 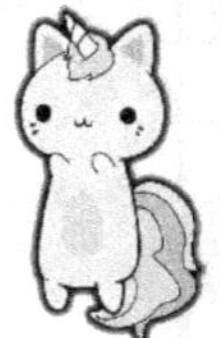

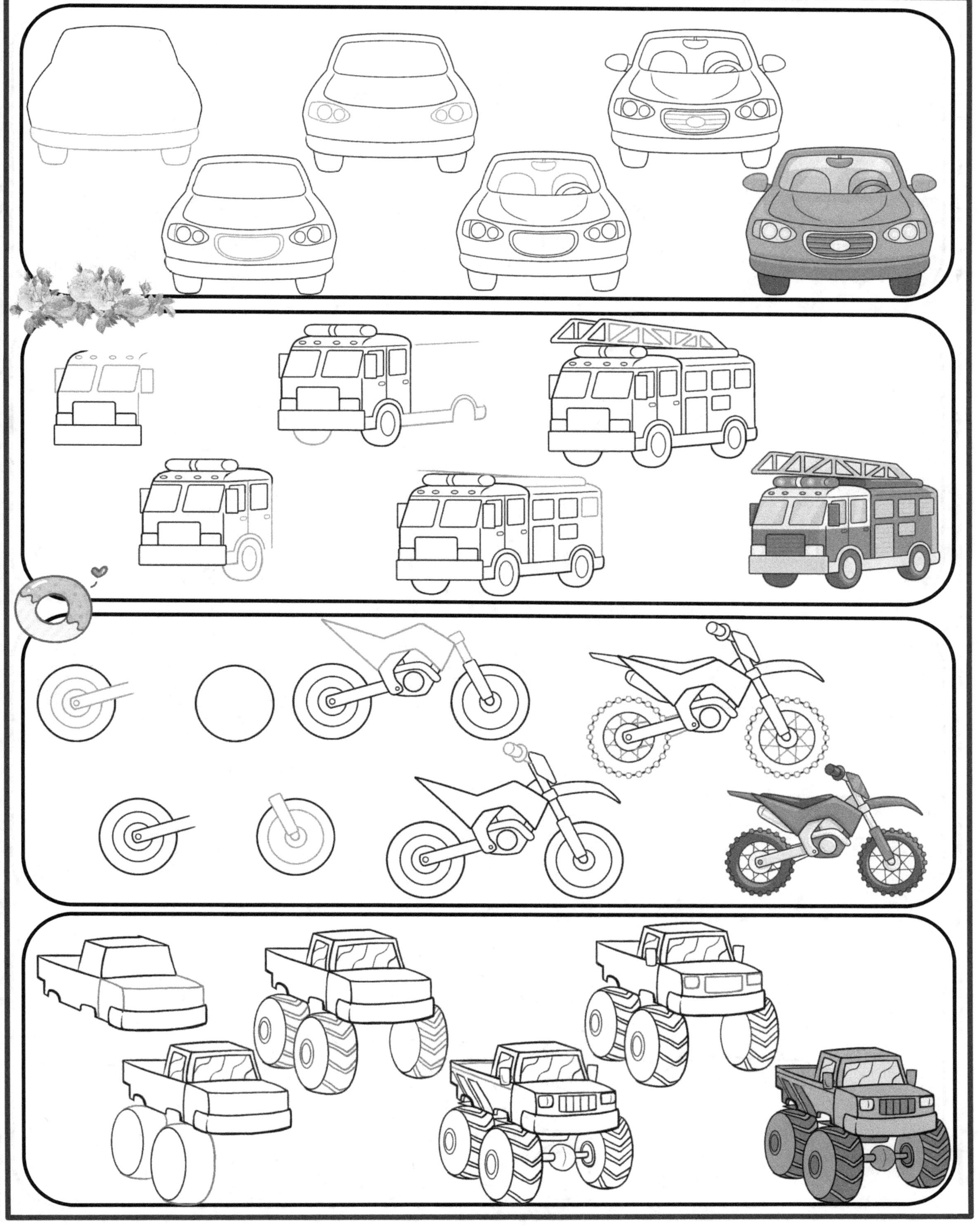

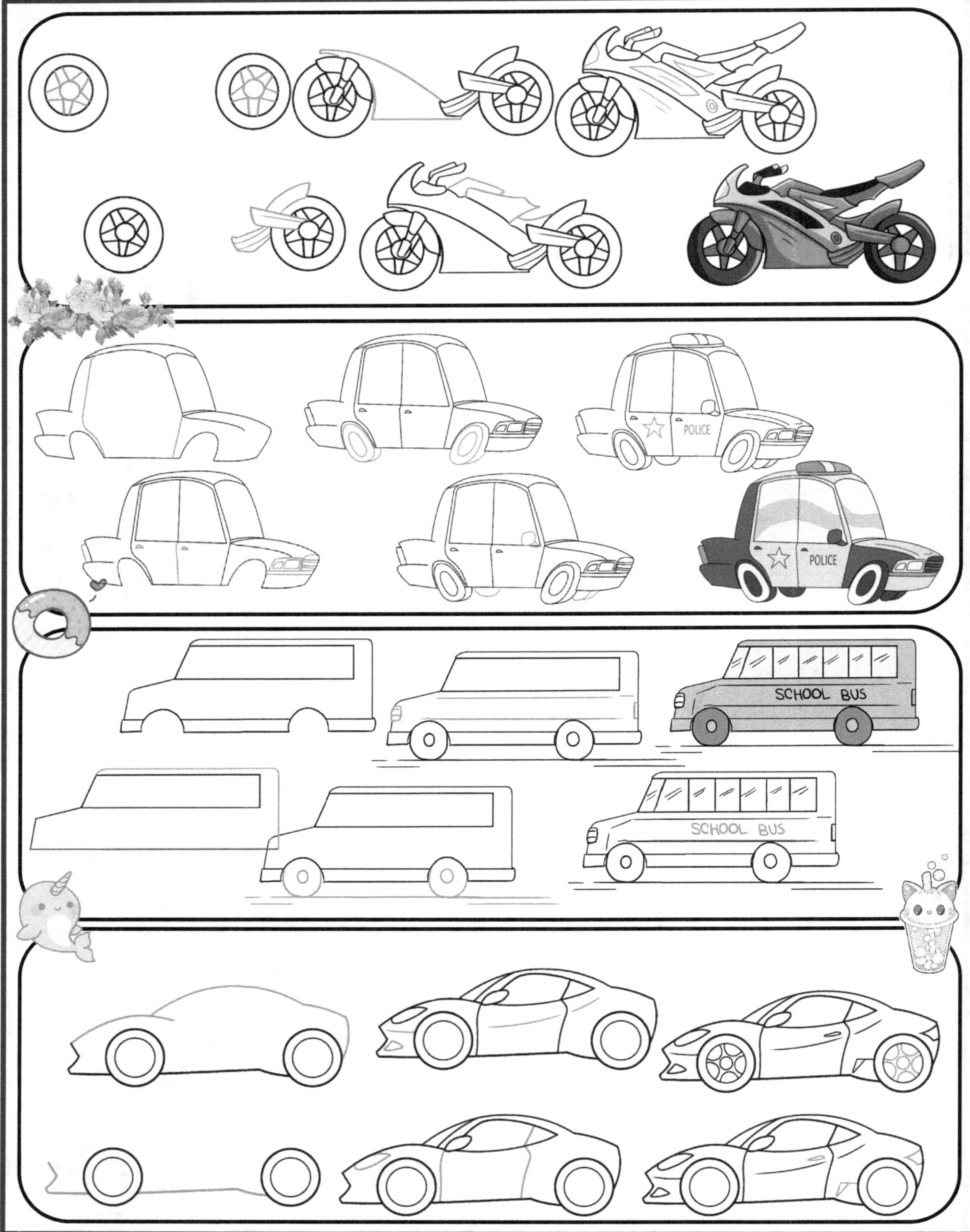
POLICE
POLICE
SCHOOL BUS
SCHOOL BUS

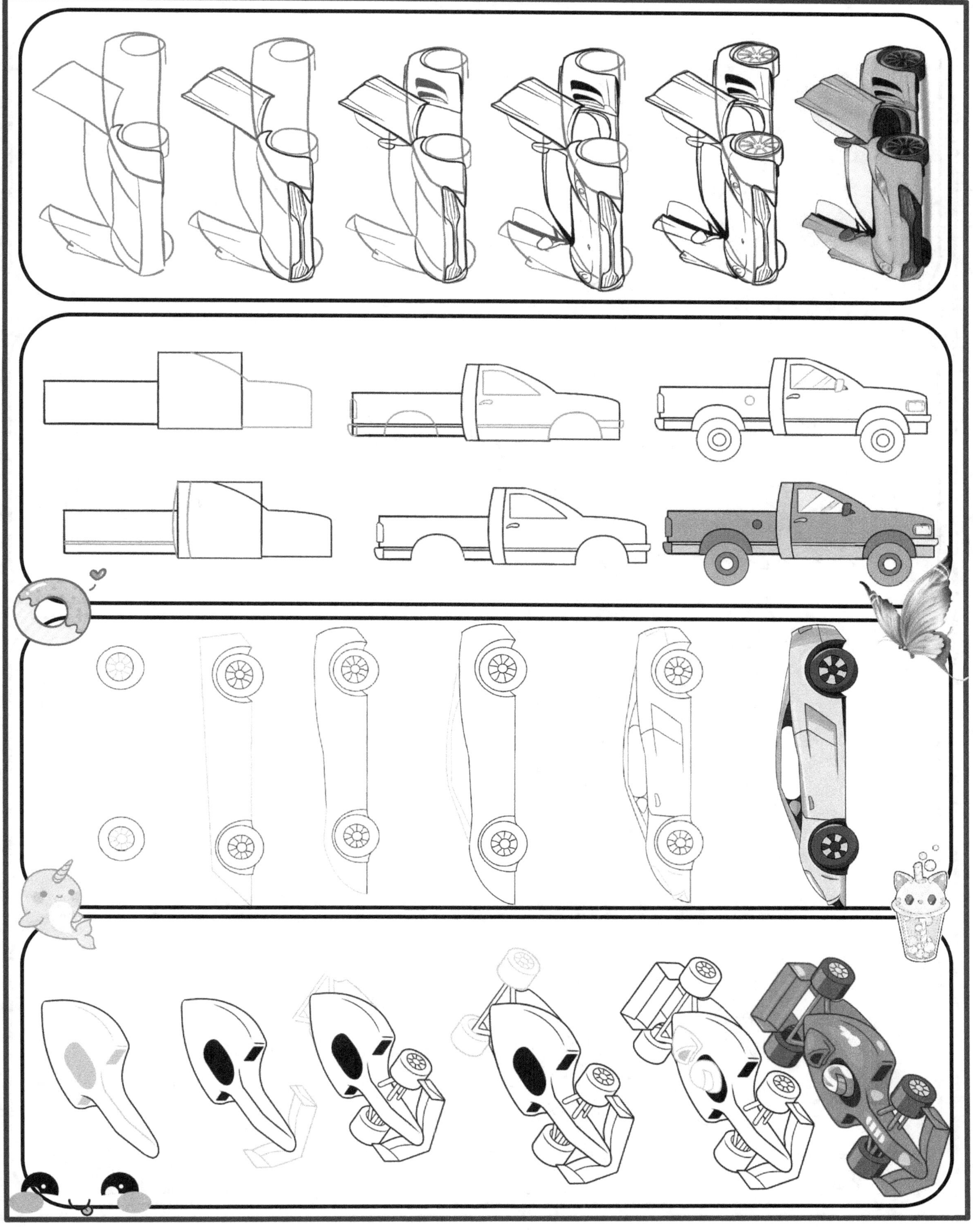

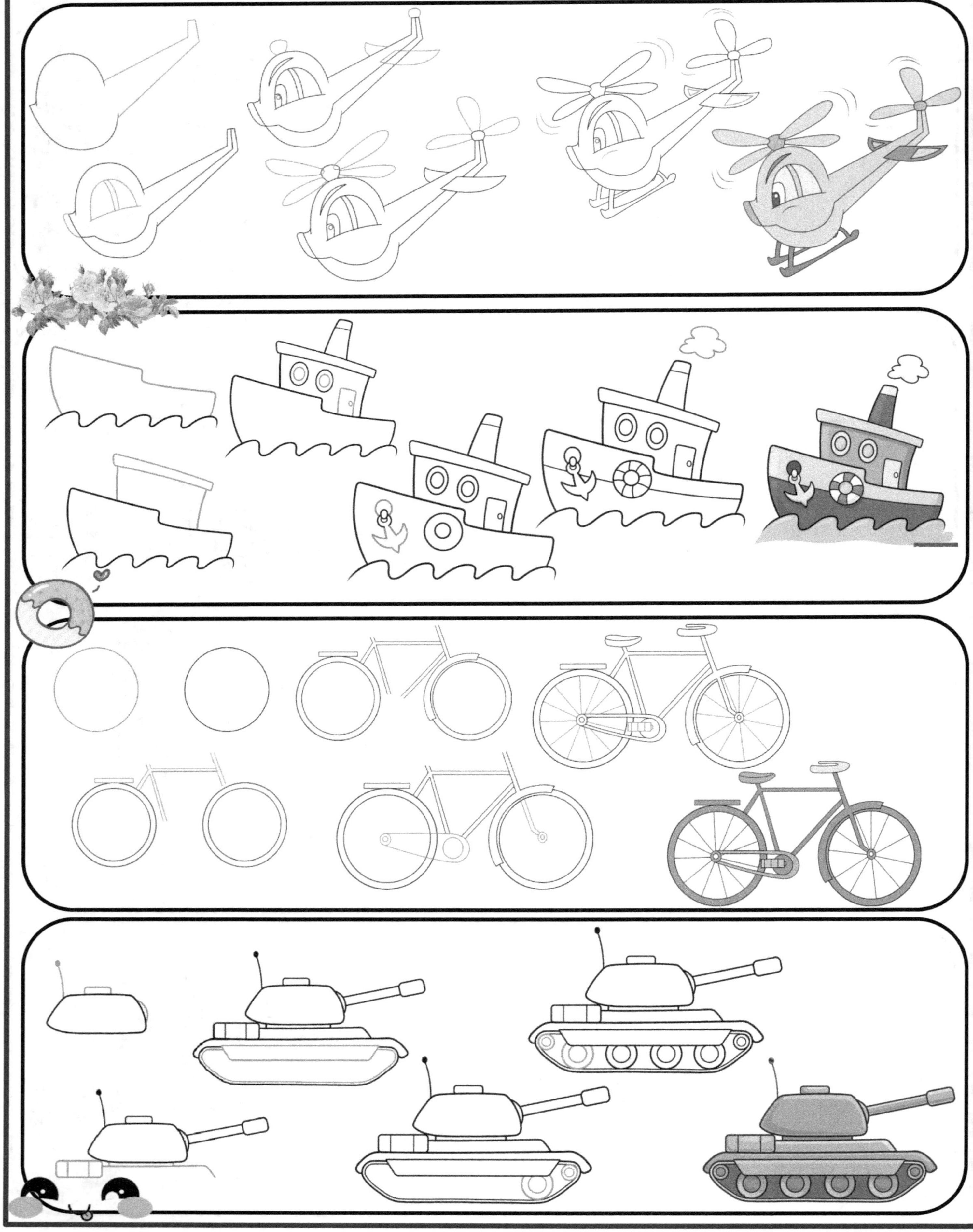

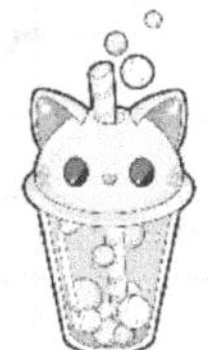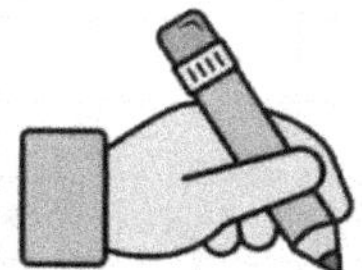

pratica

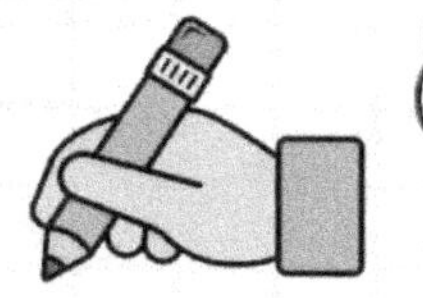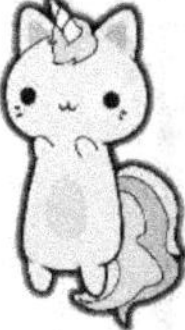

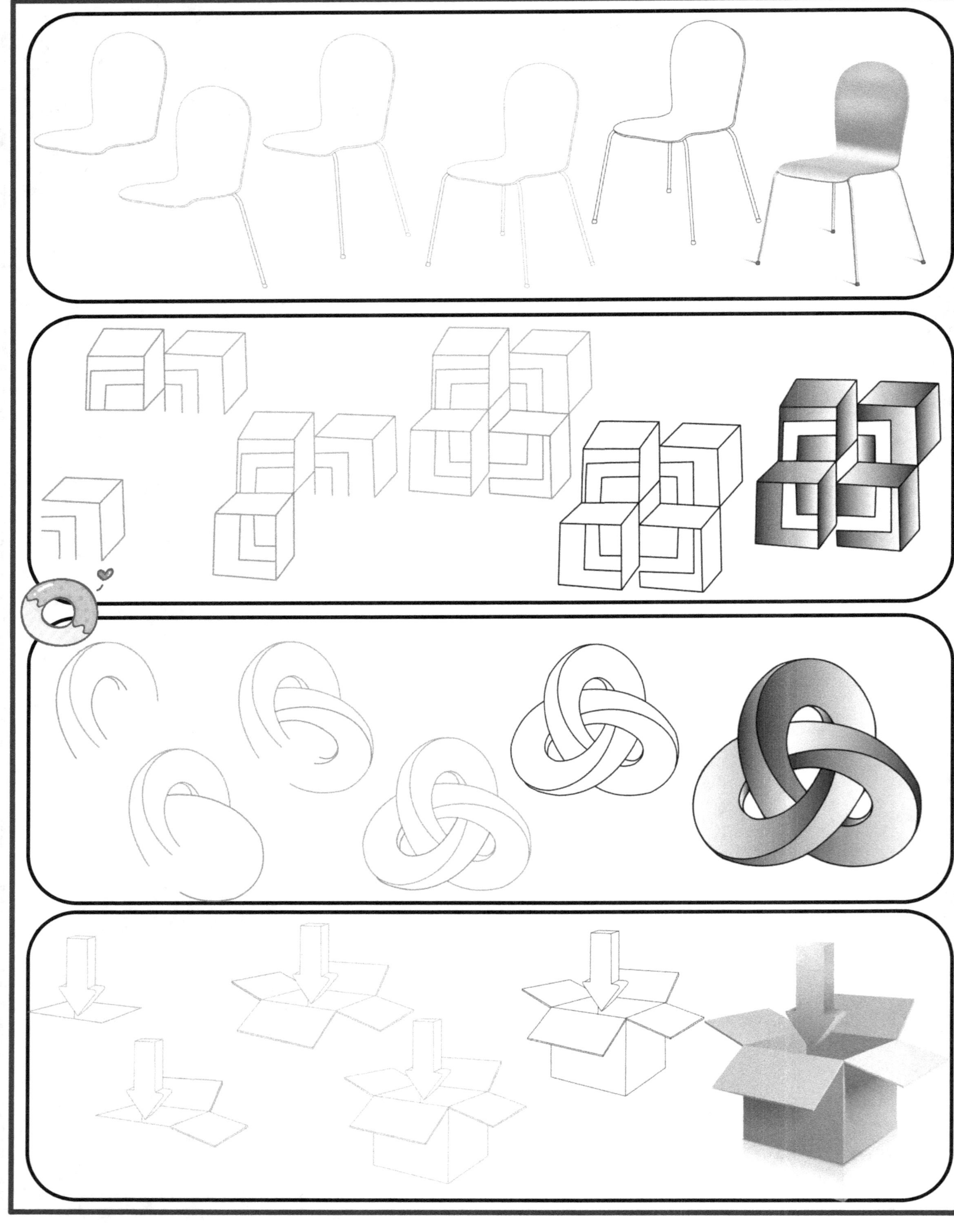

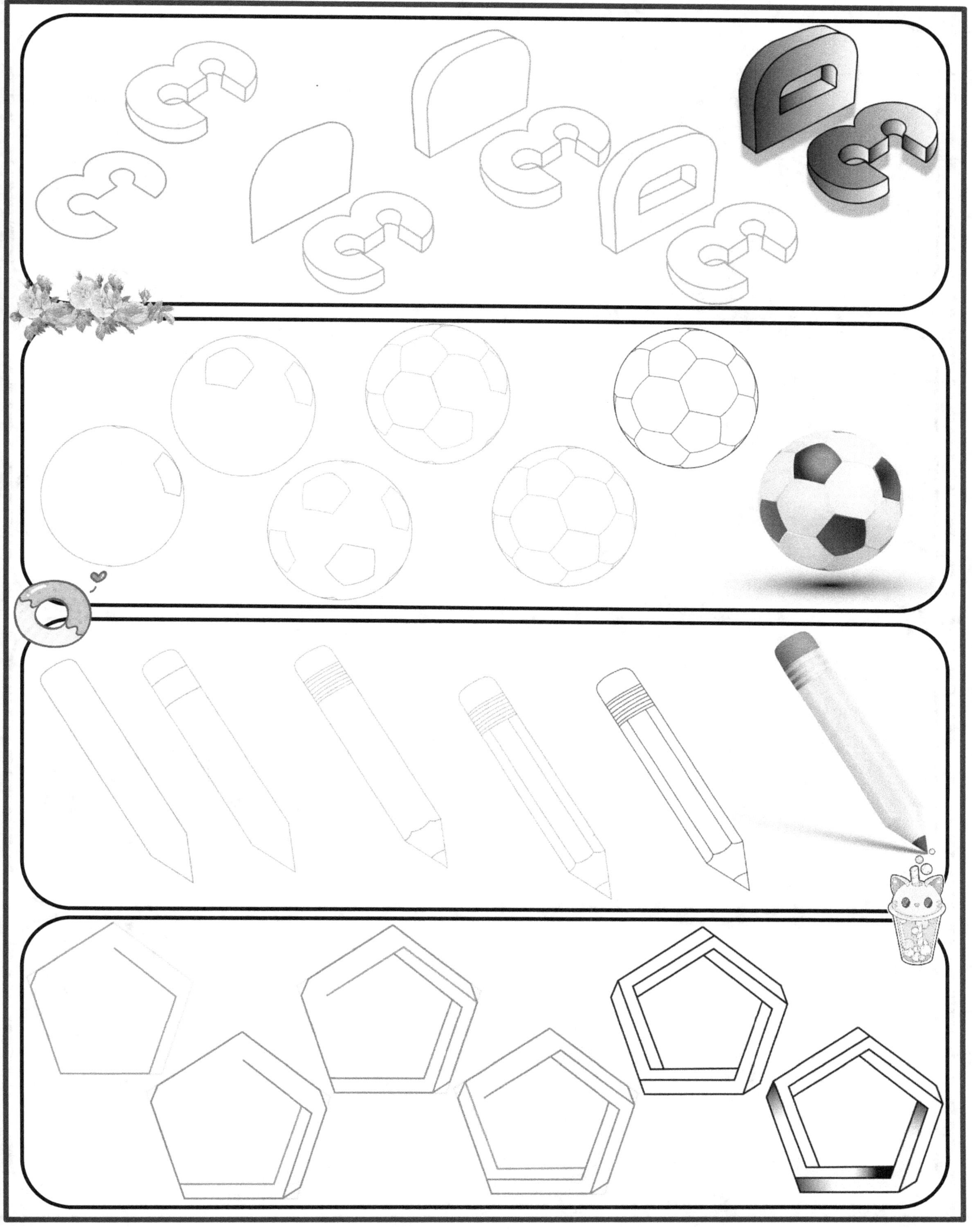

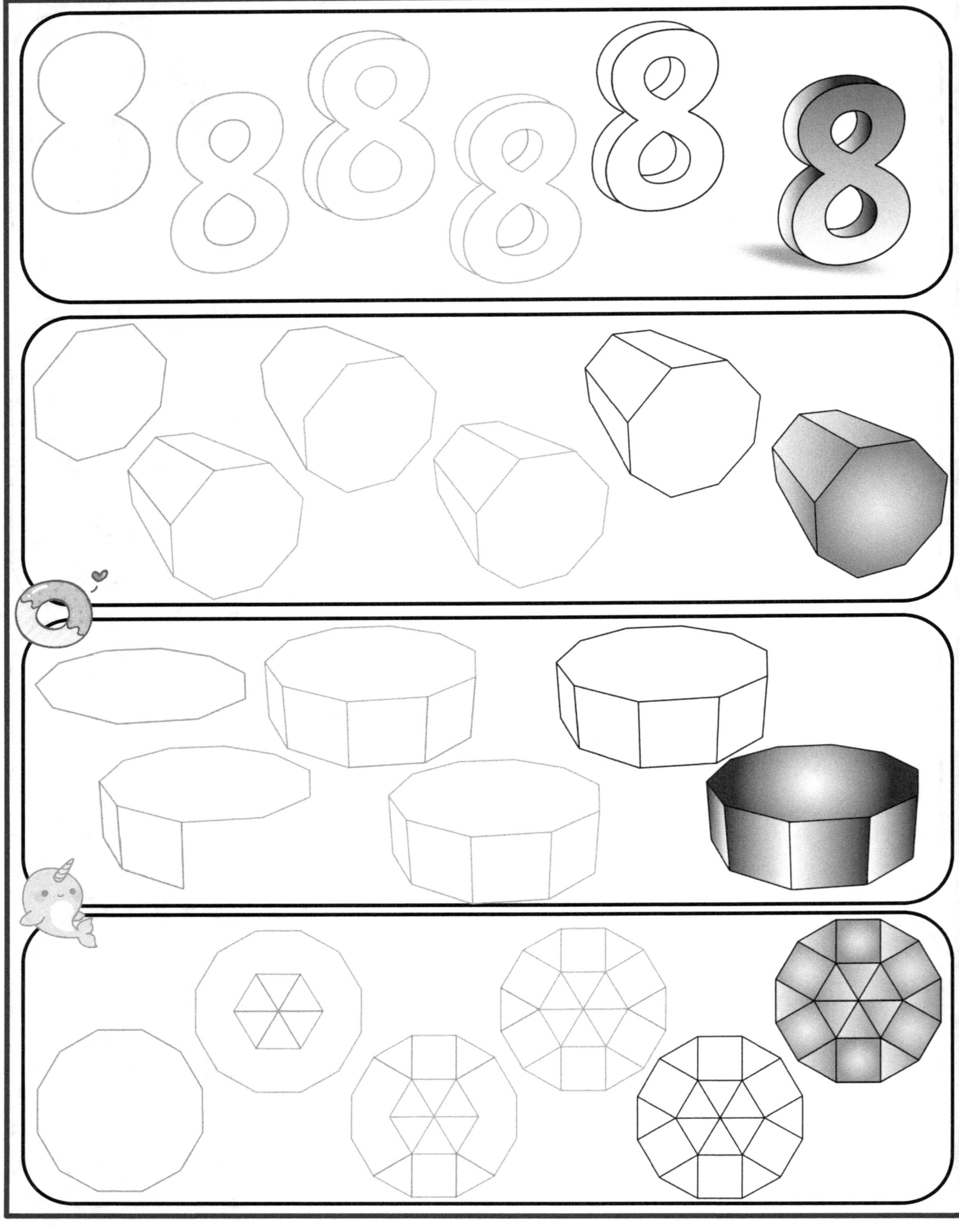

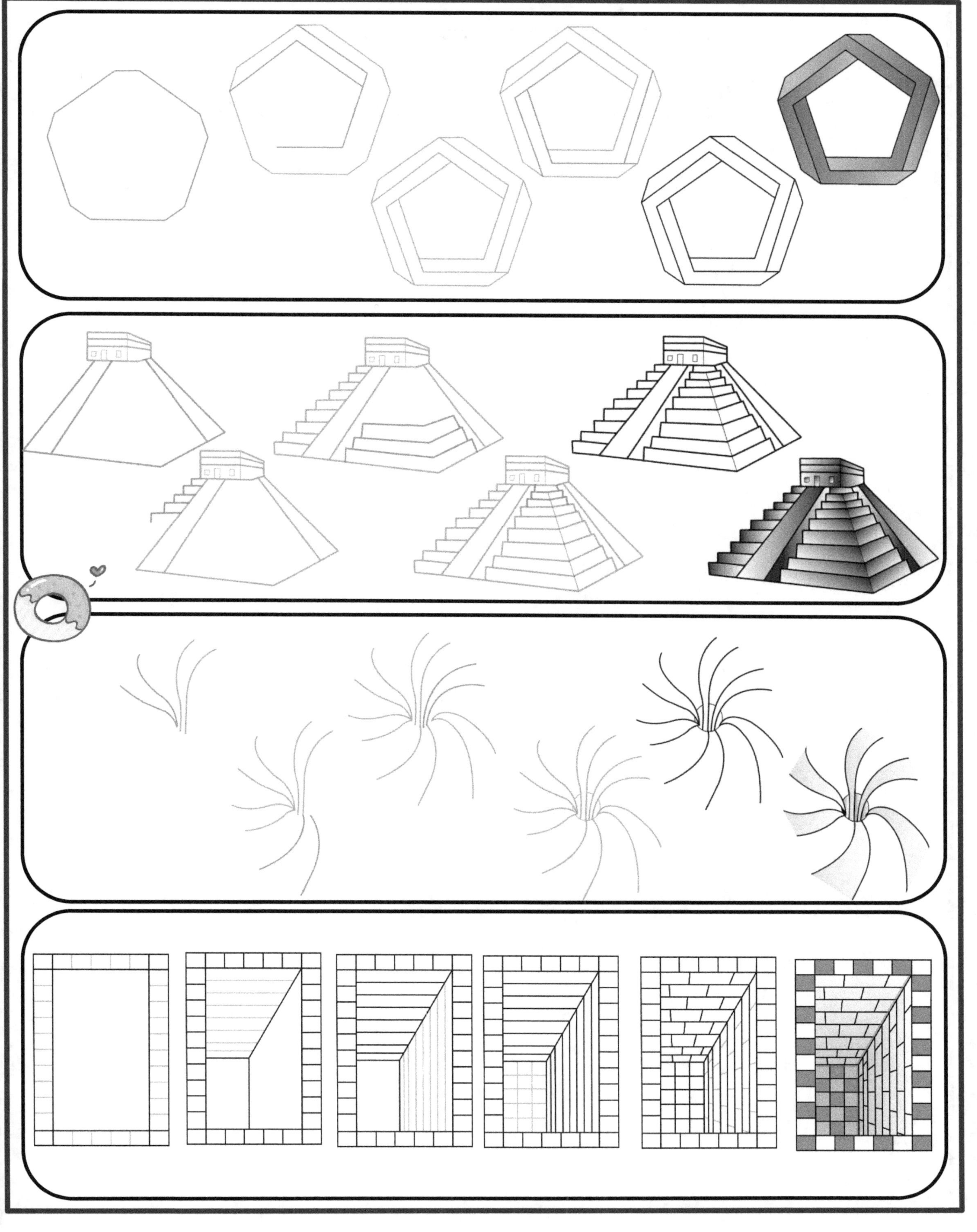

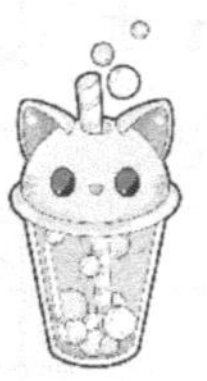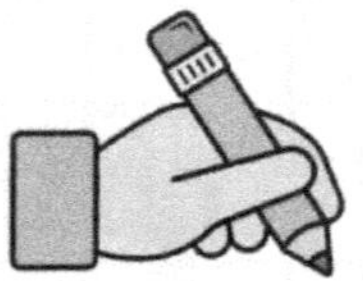

Pratica

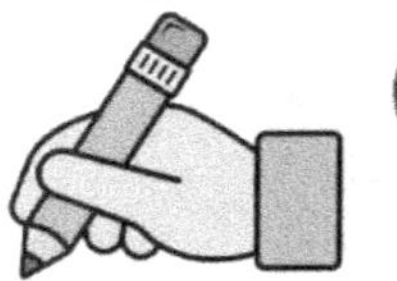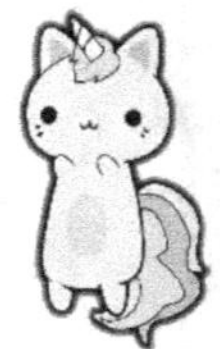

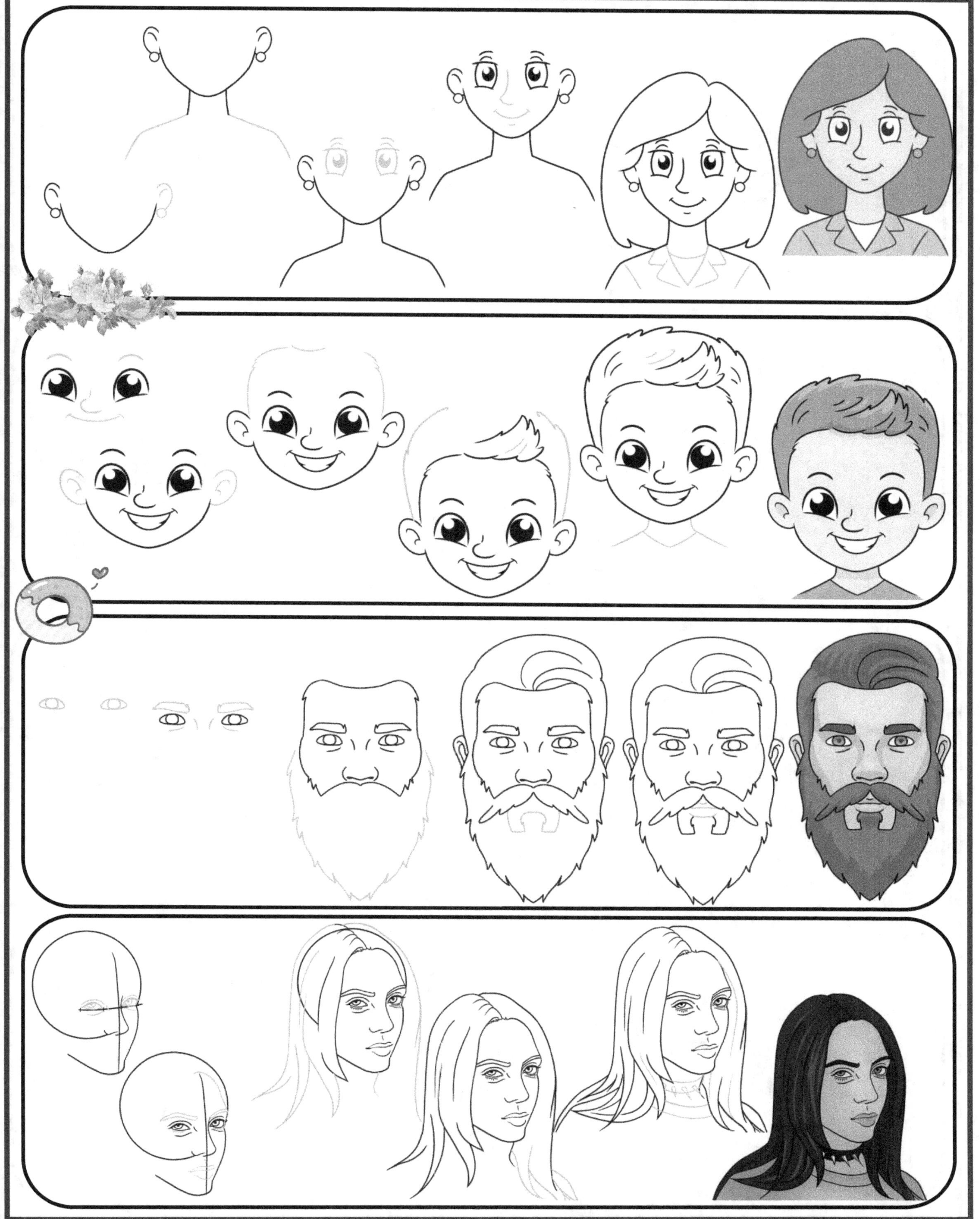

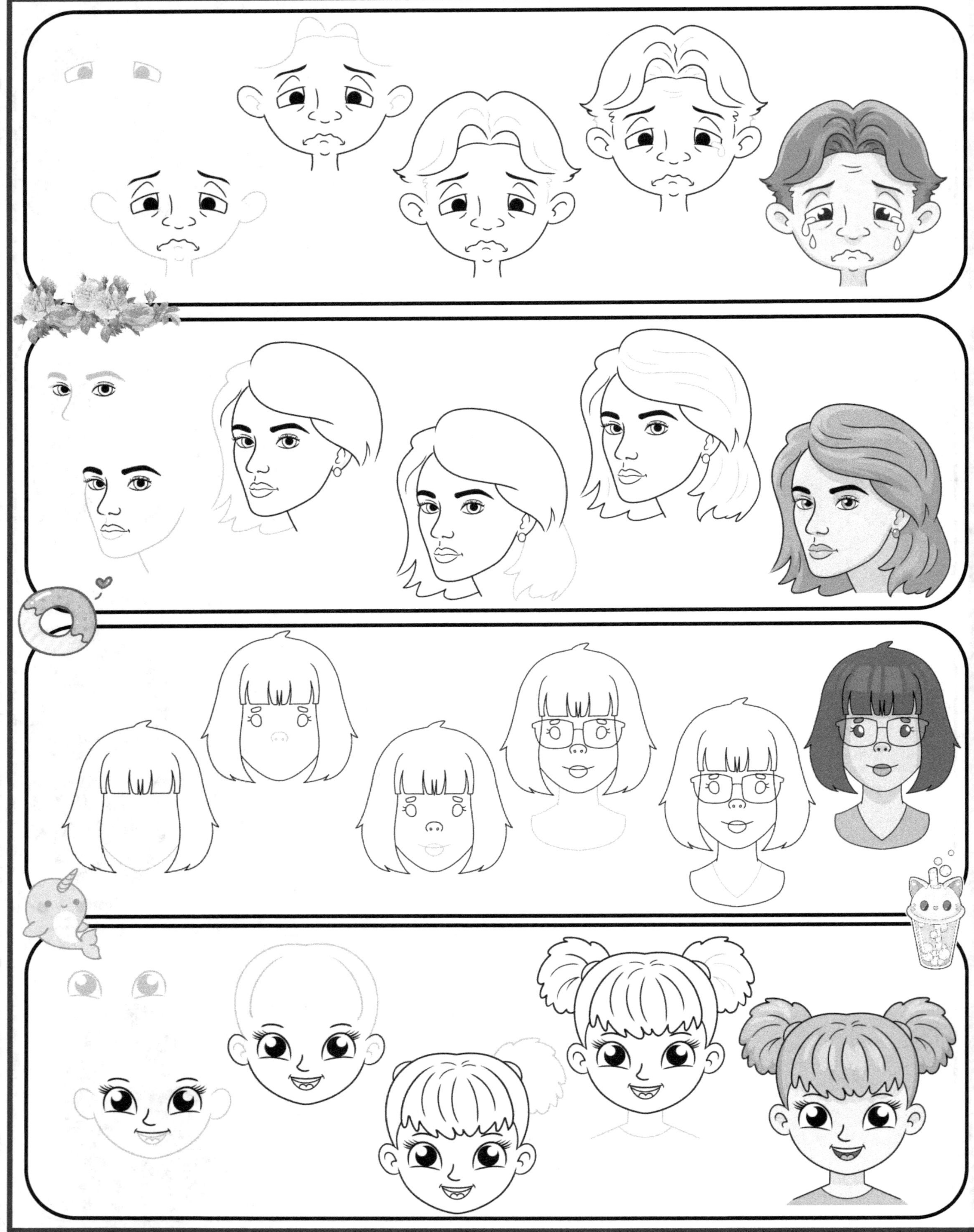

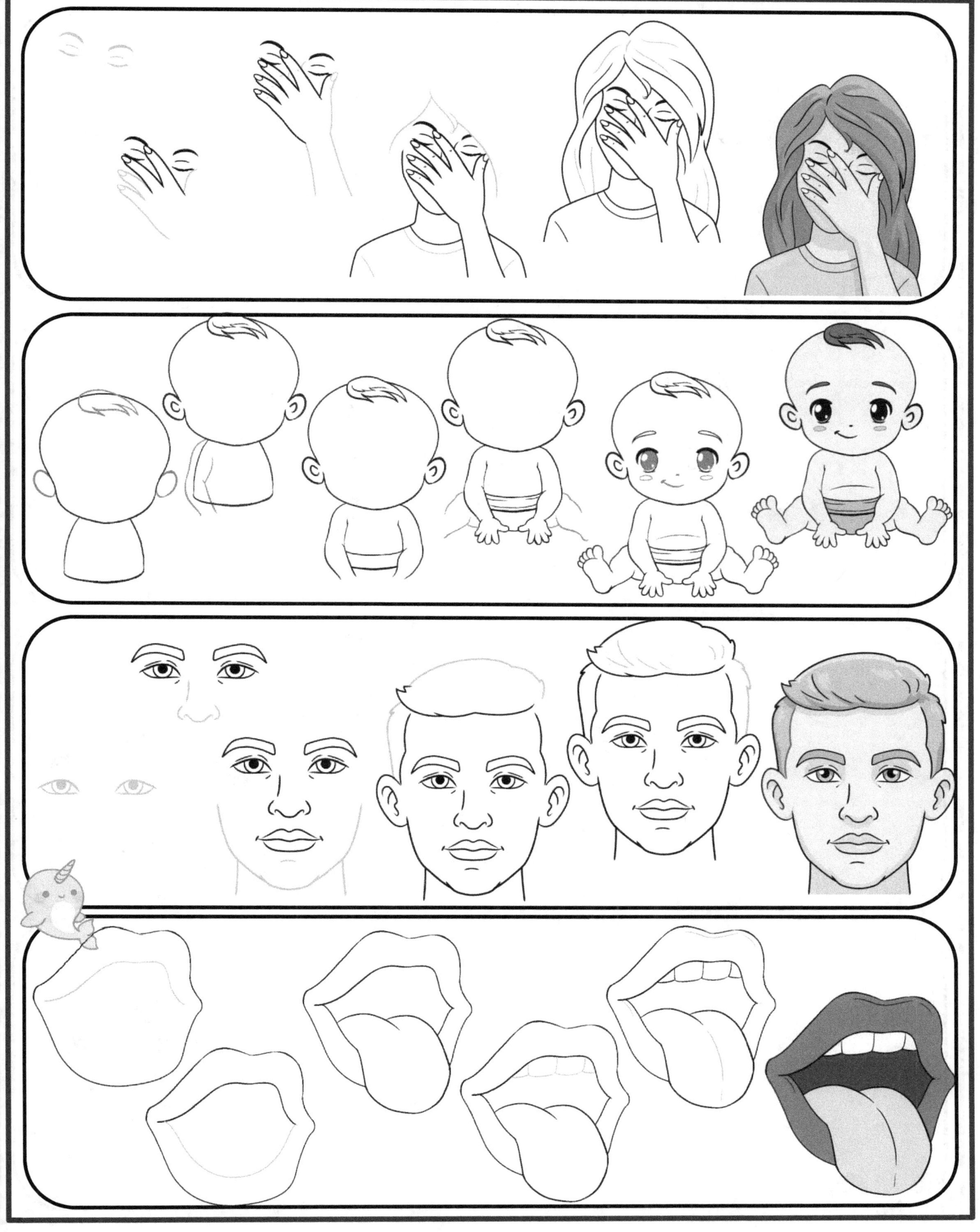

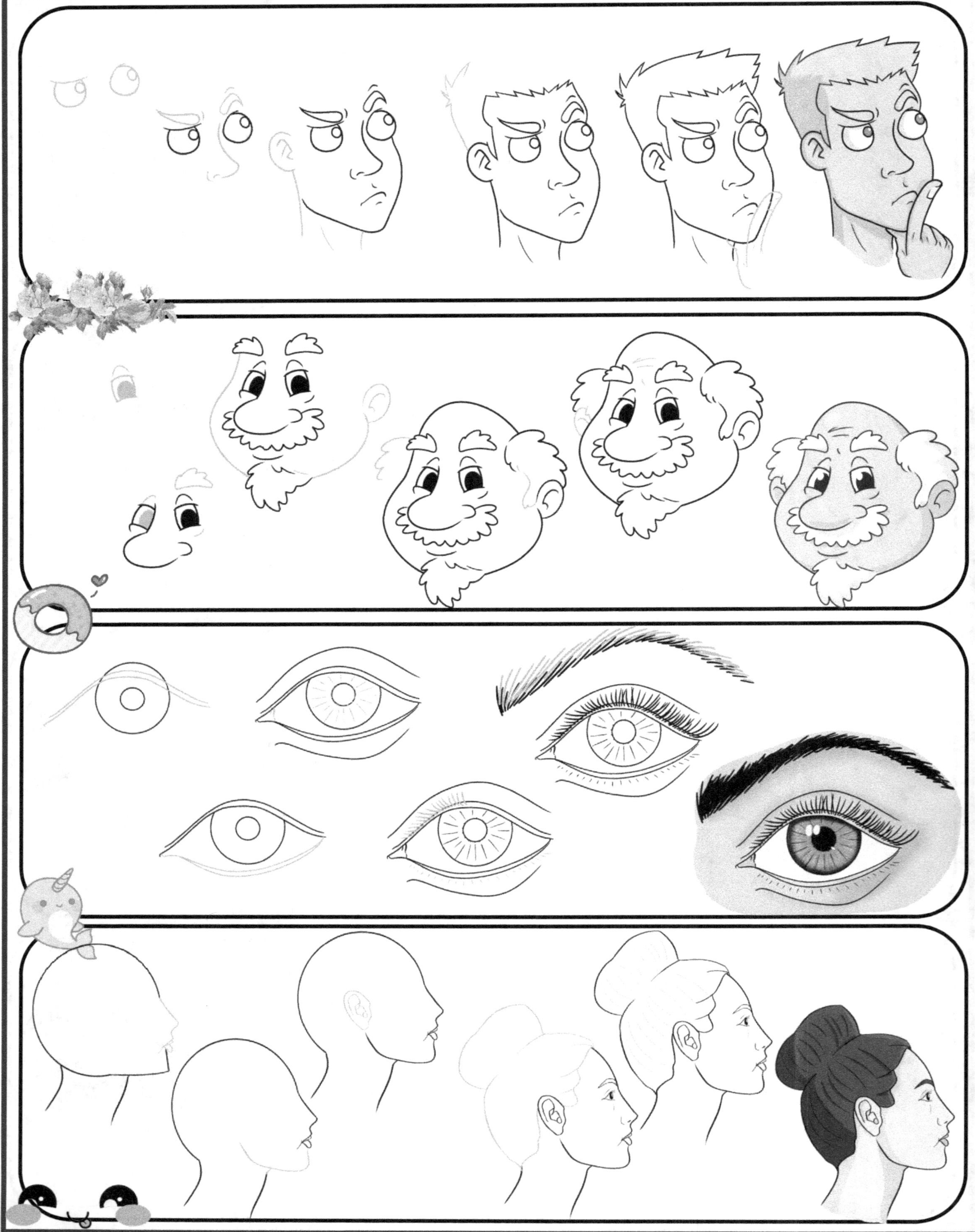

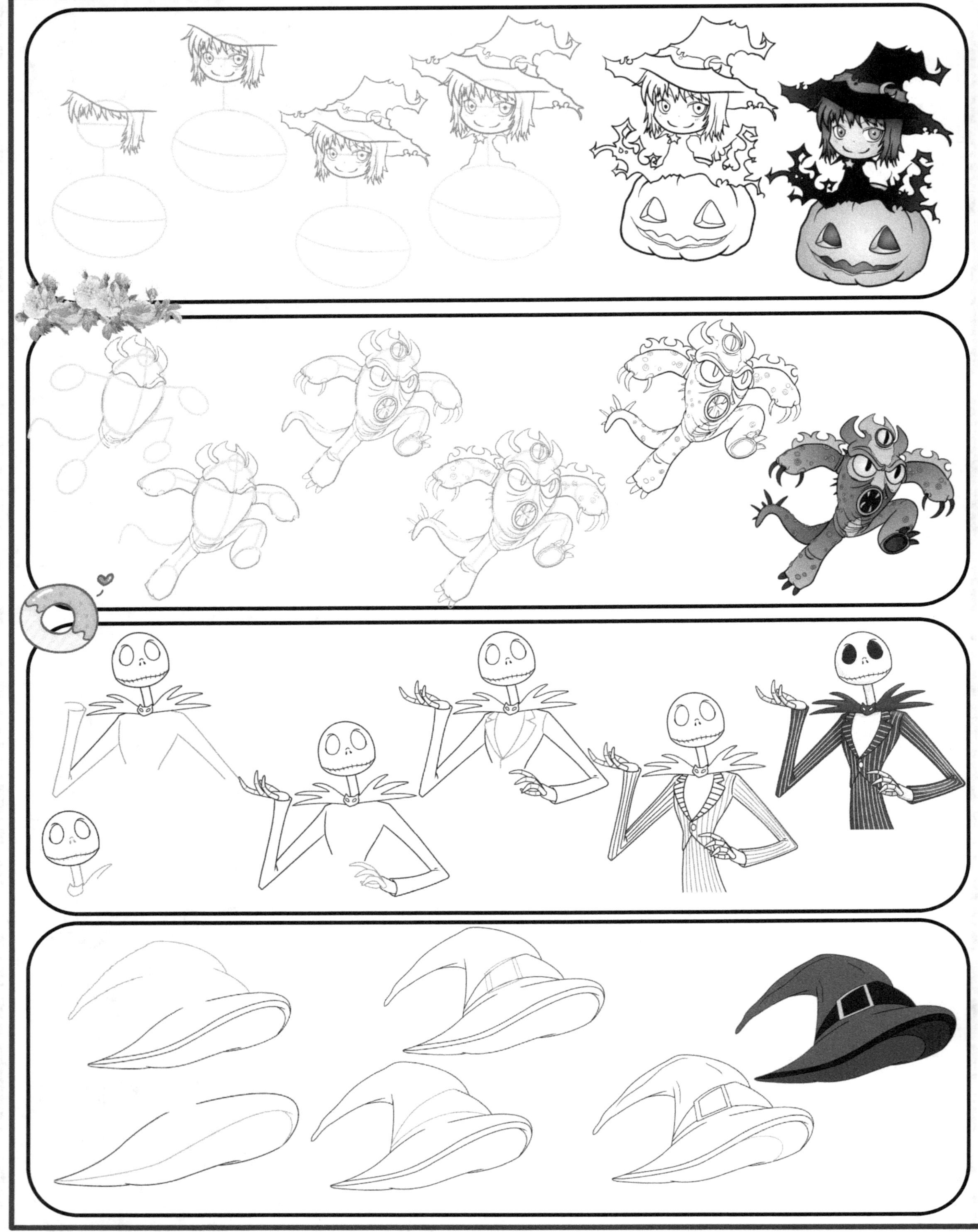

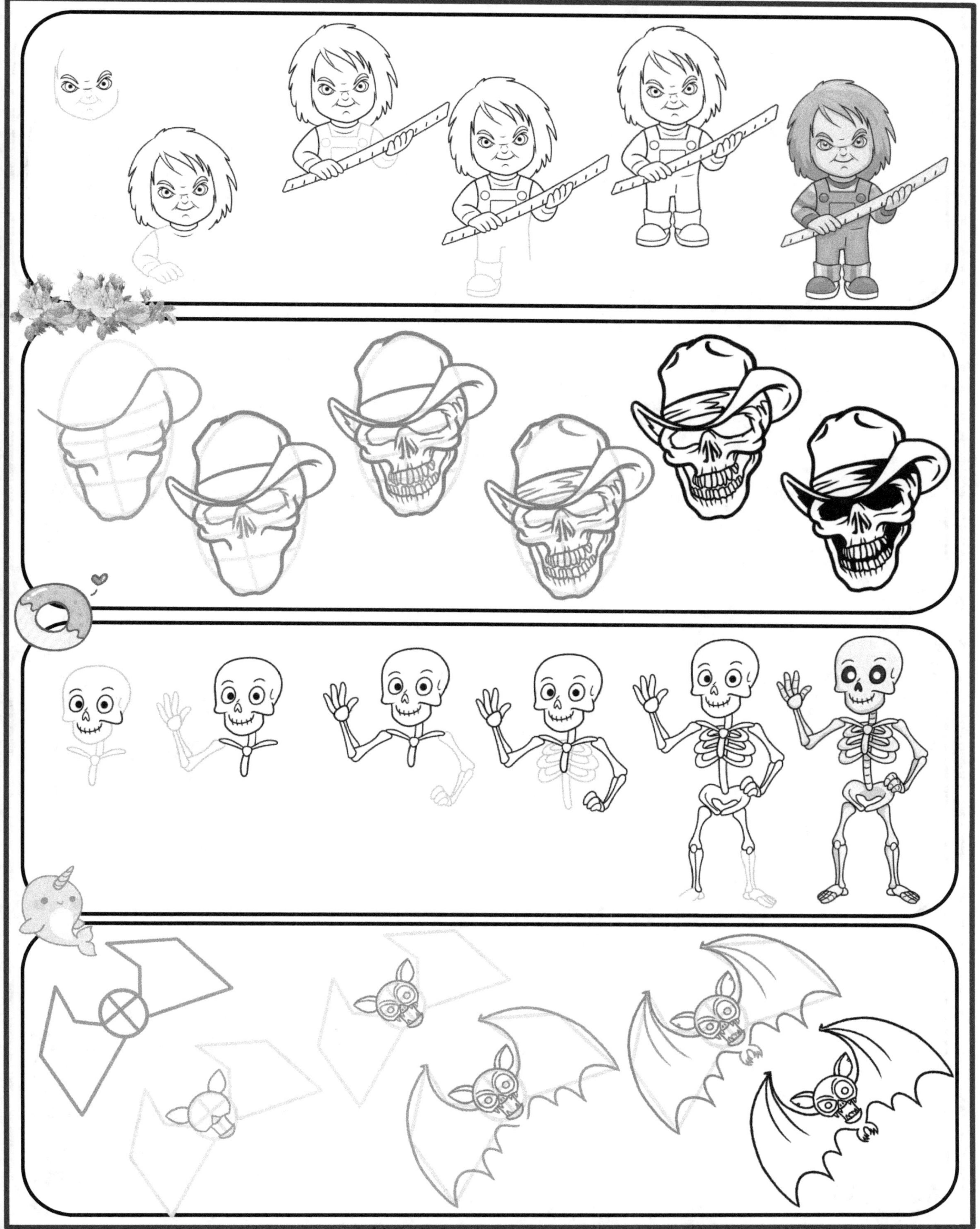

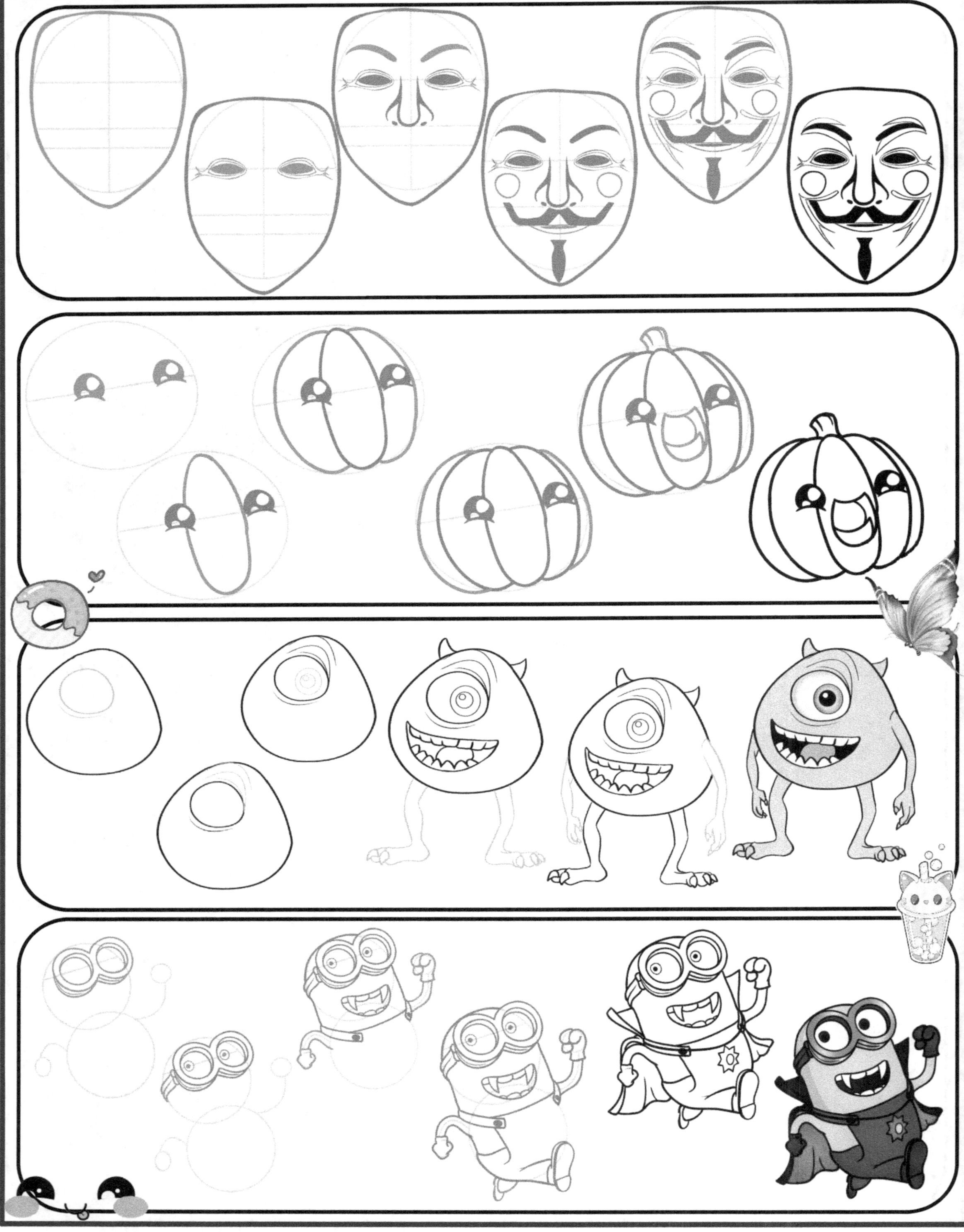

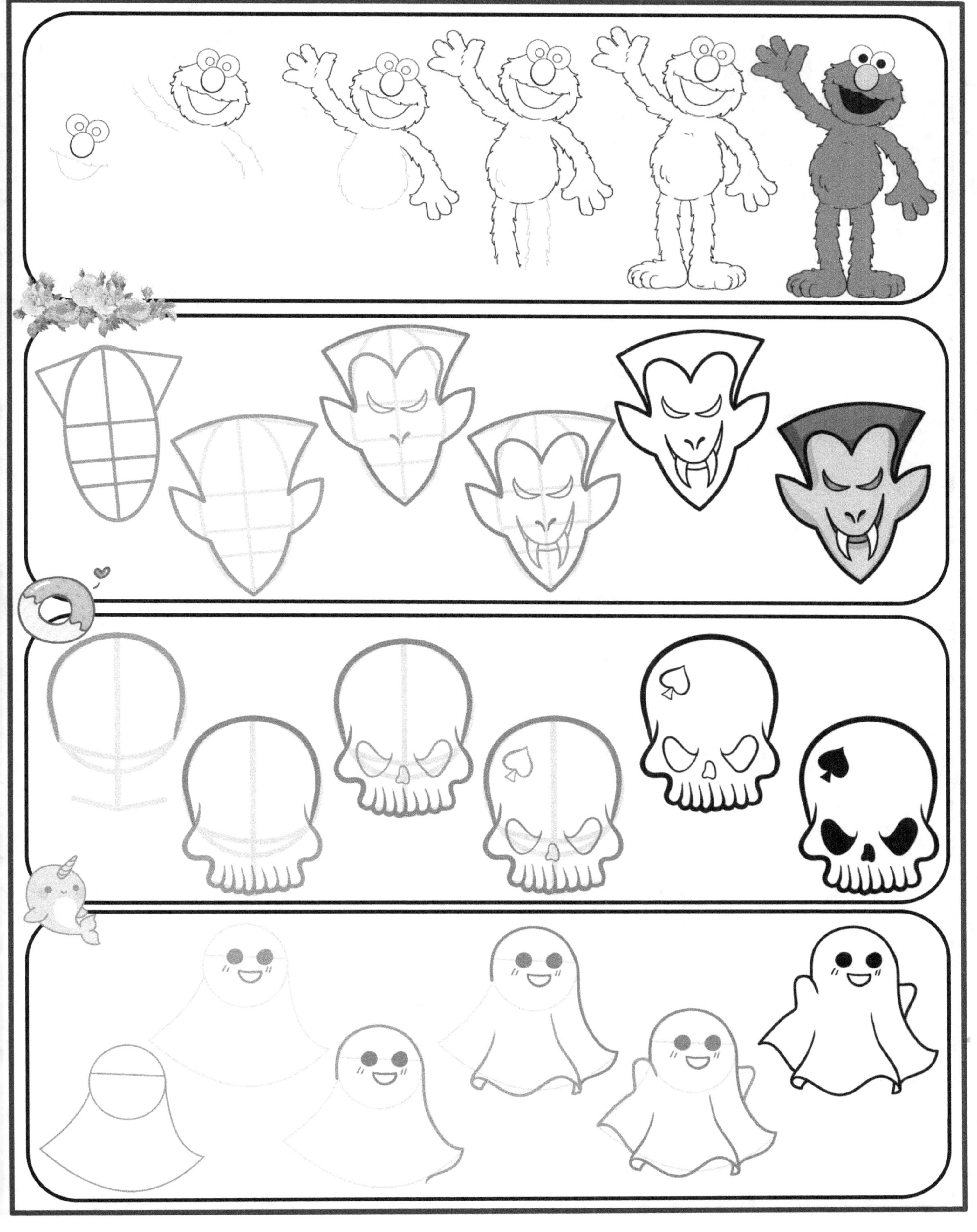

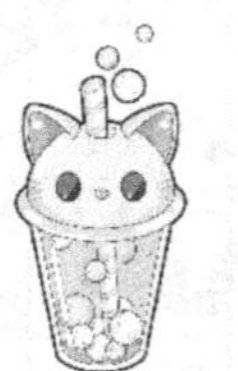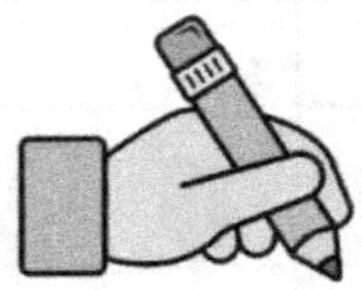

Pratica

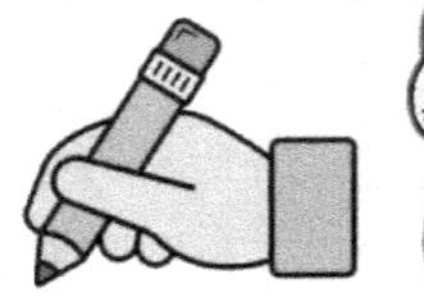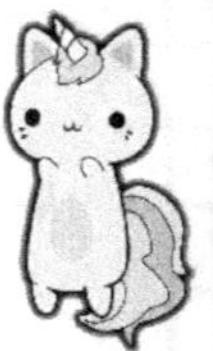

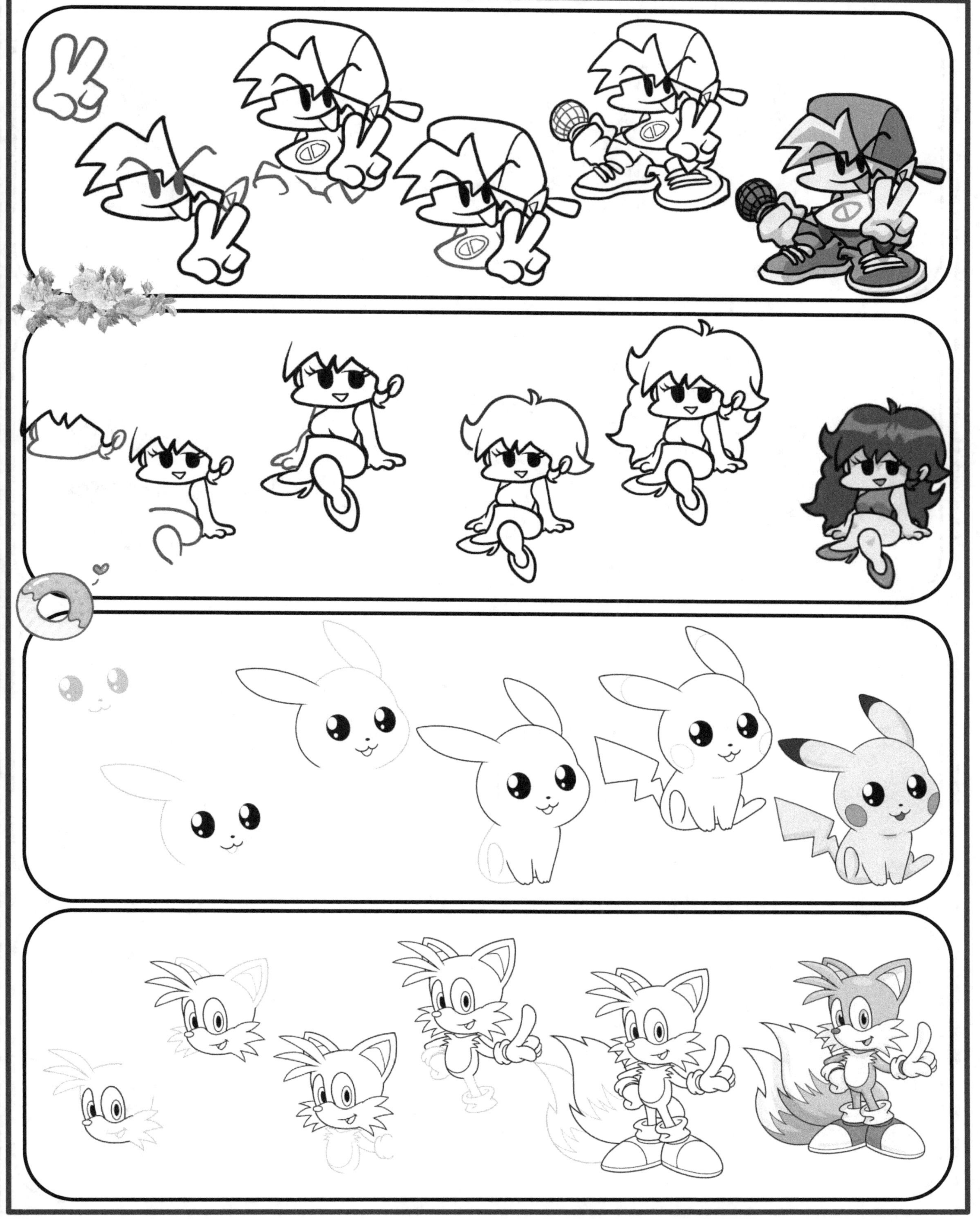

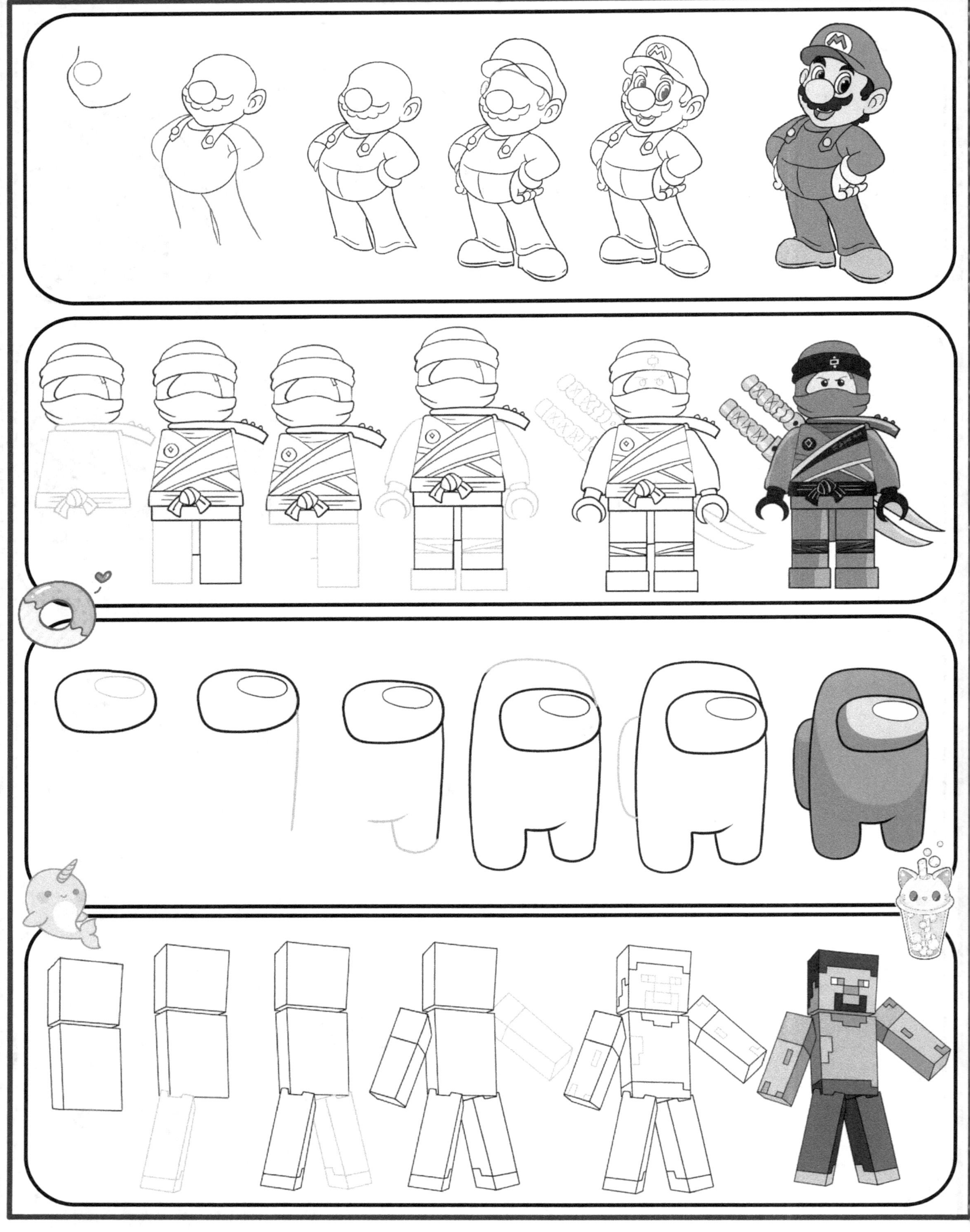

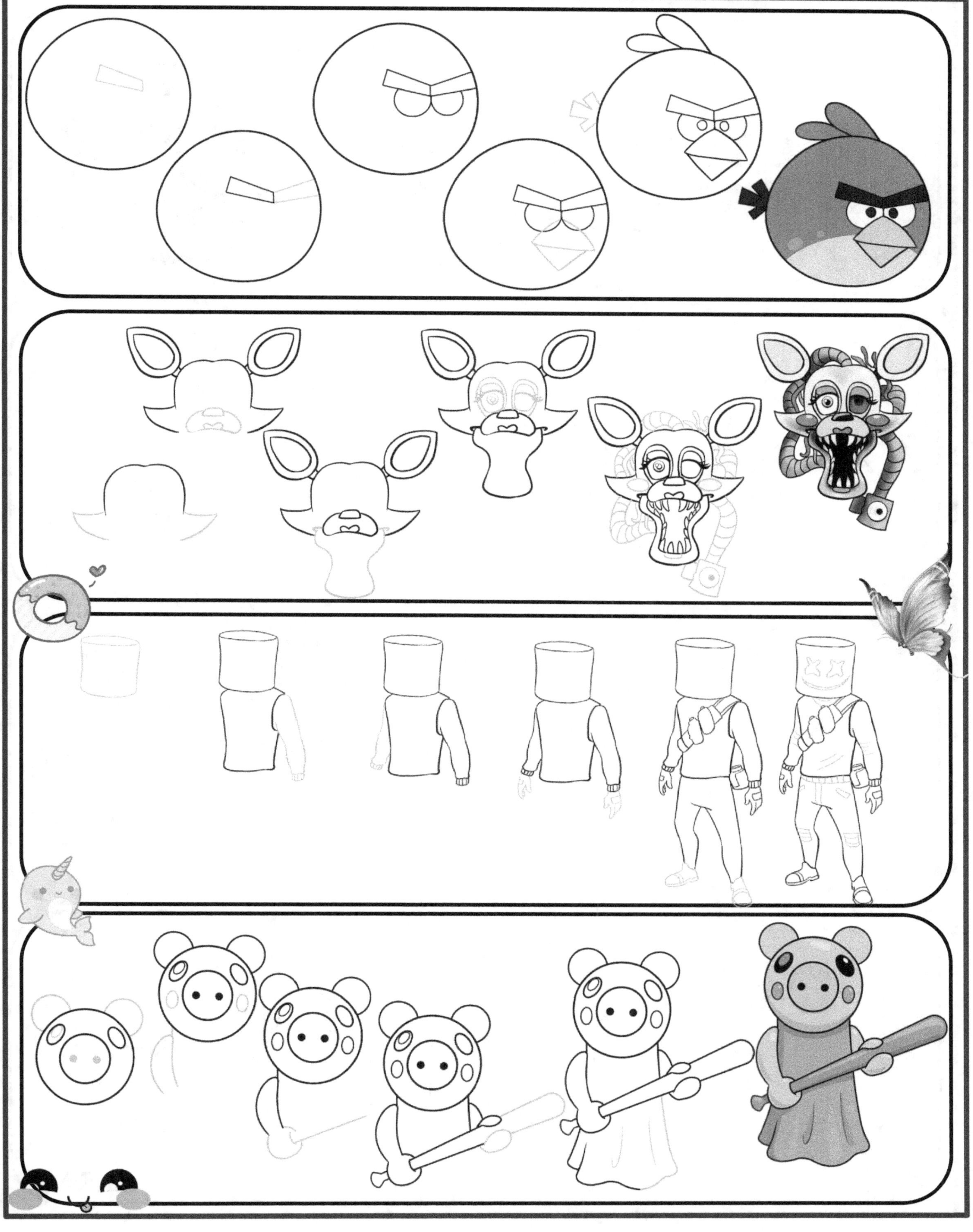

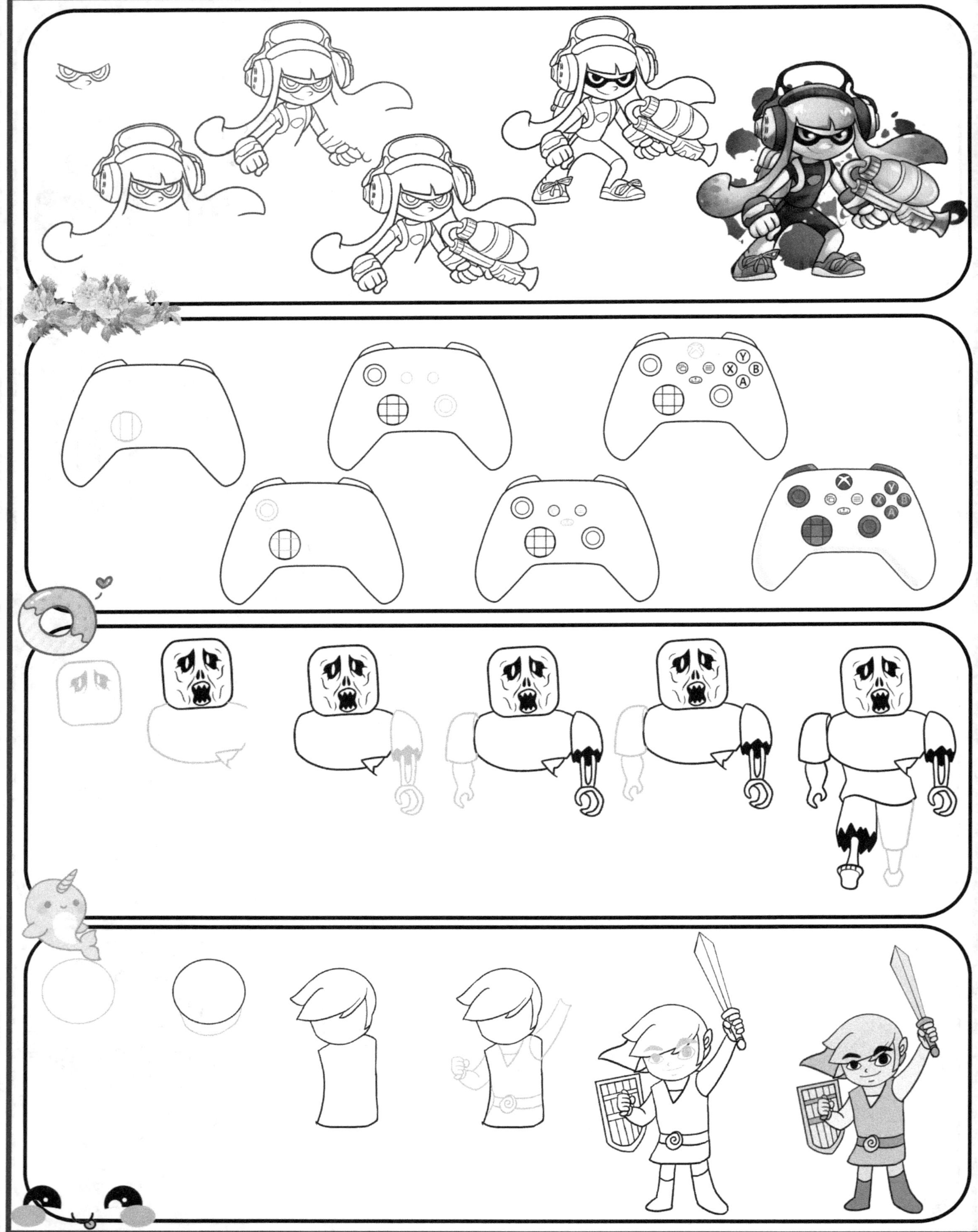

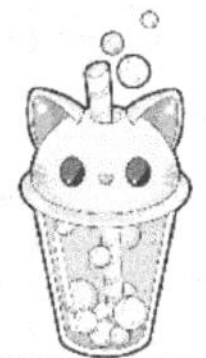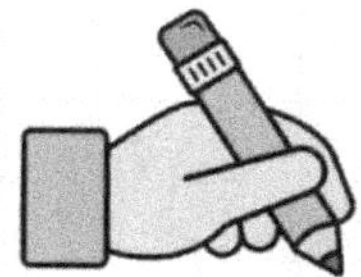

Pratica

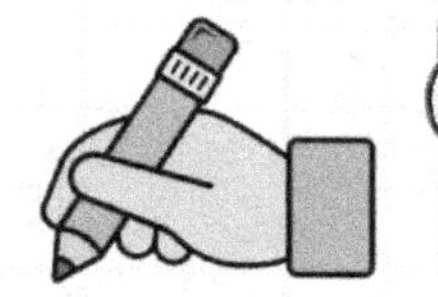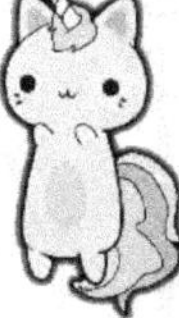

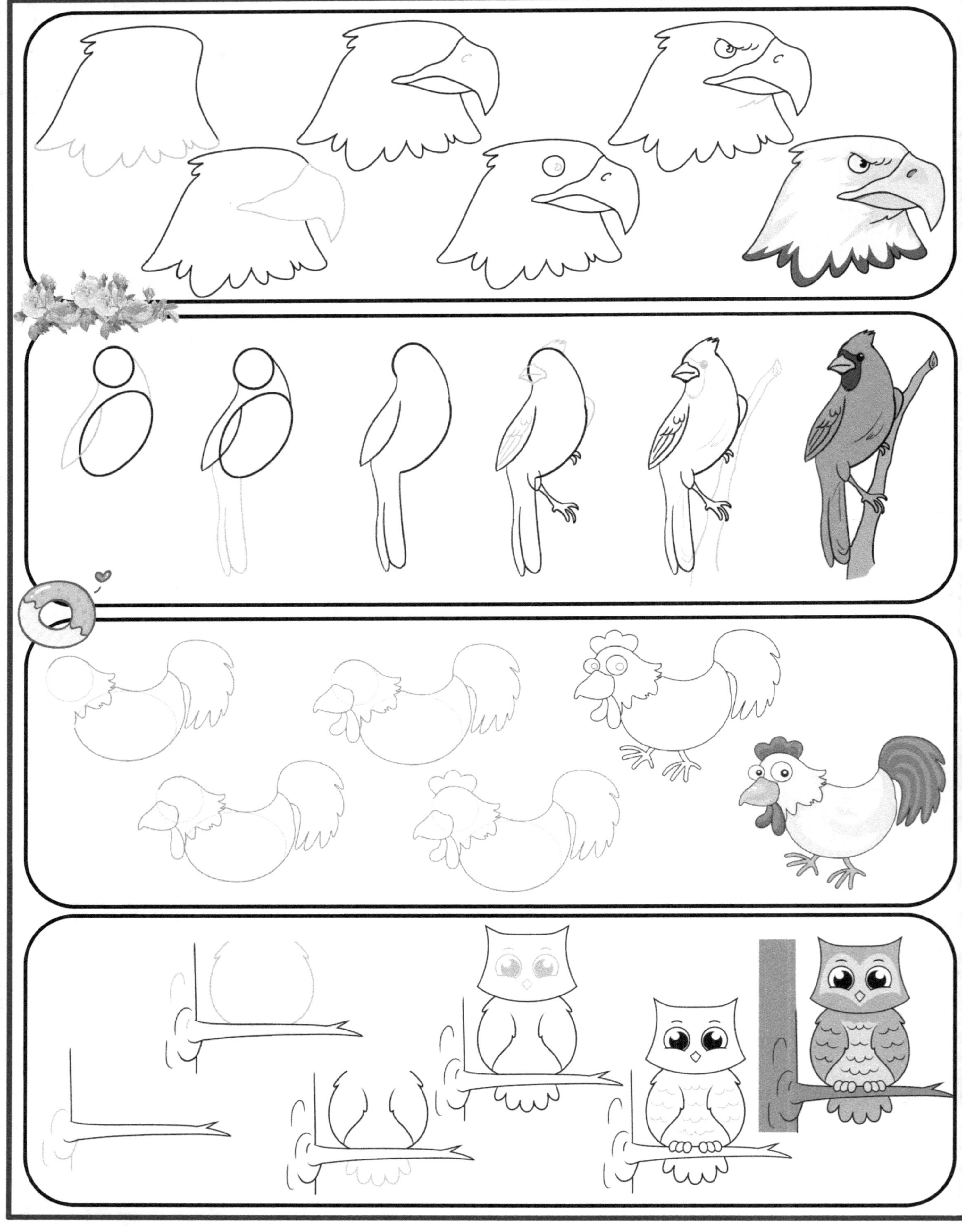

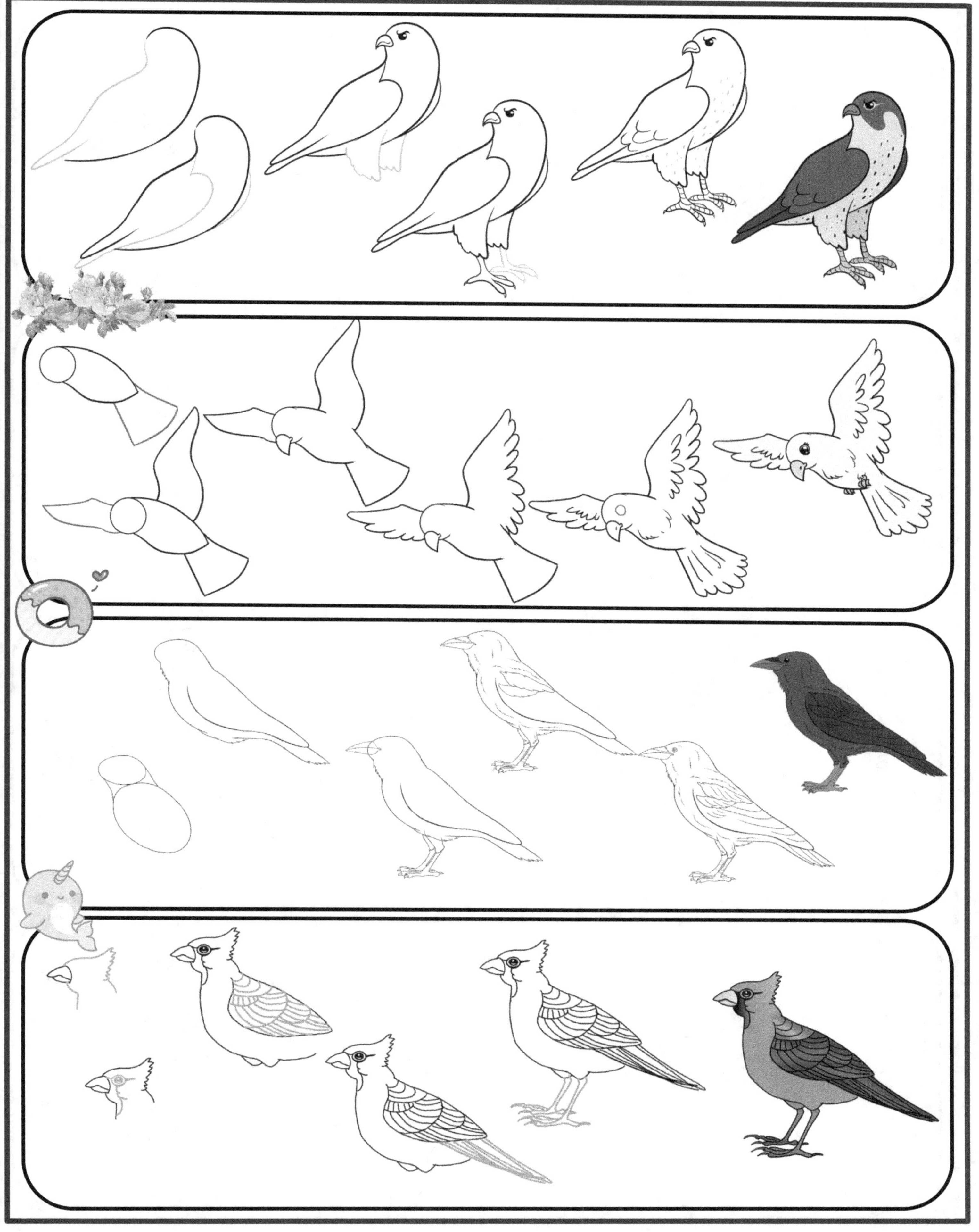

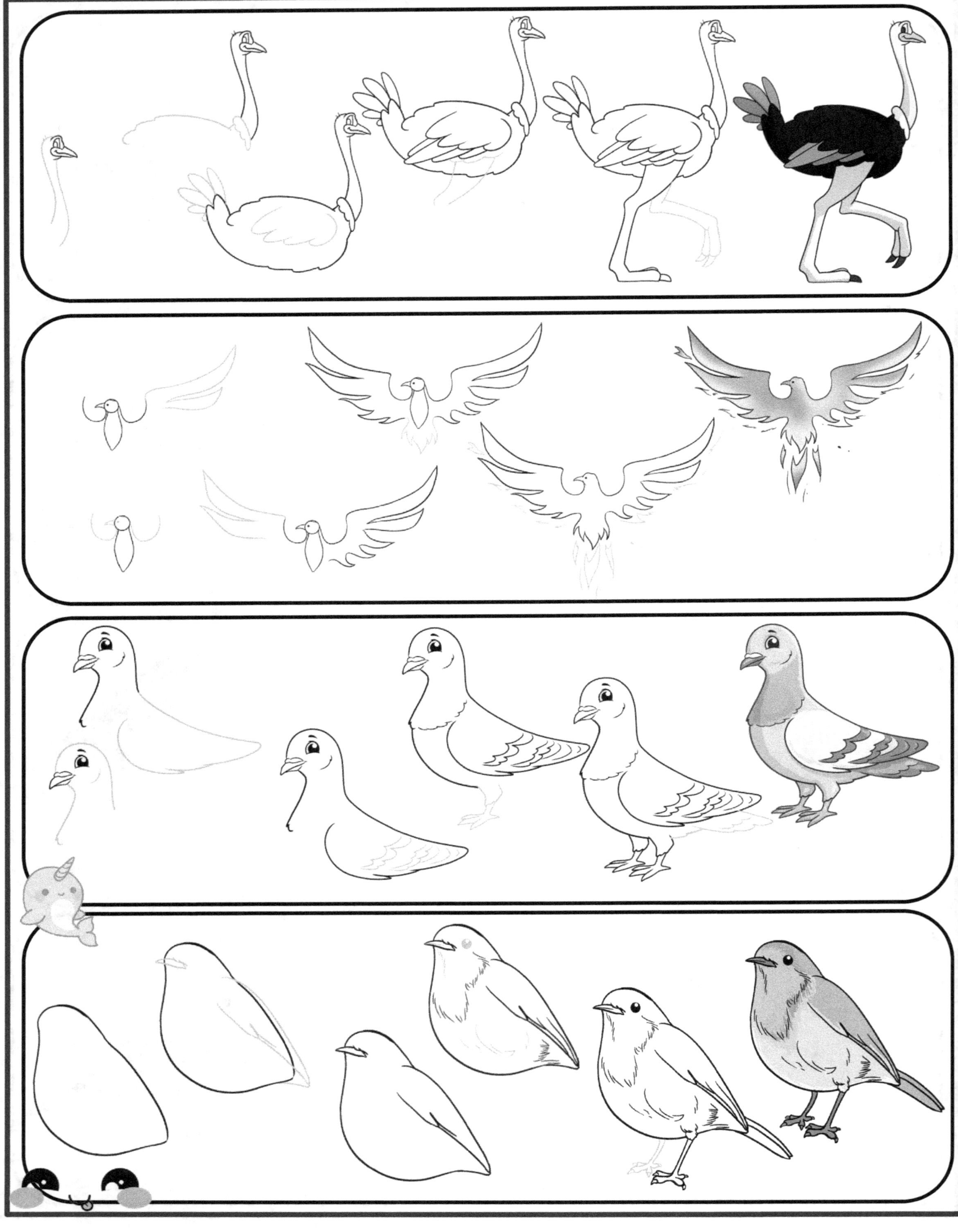

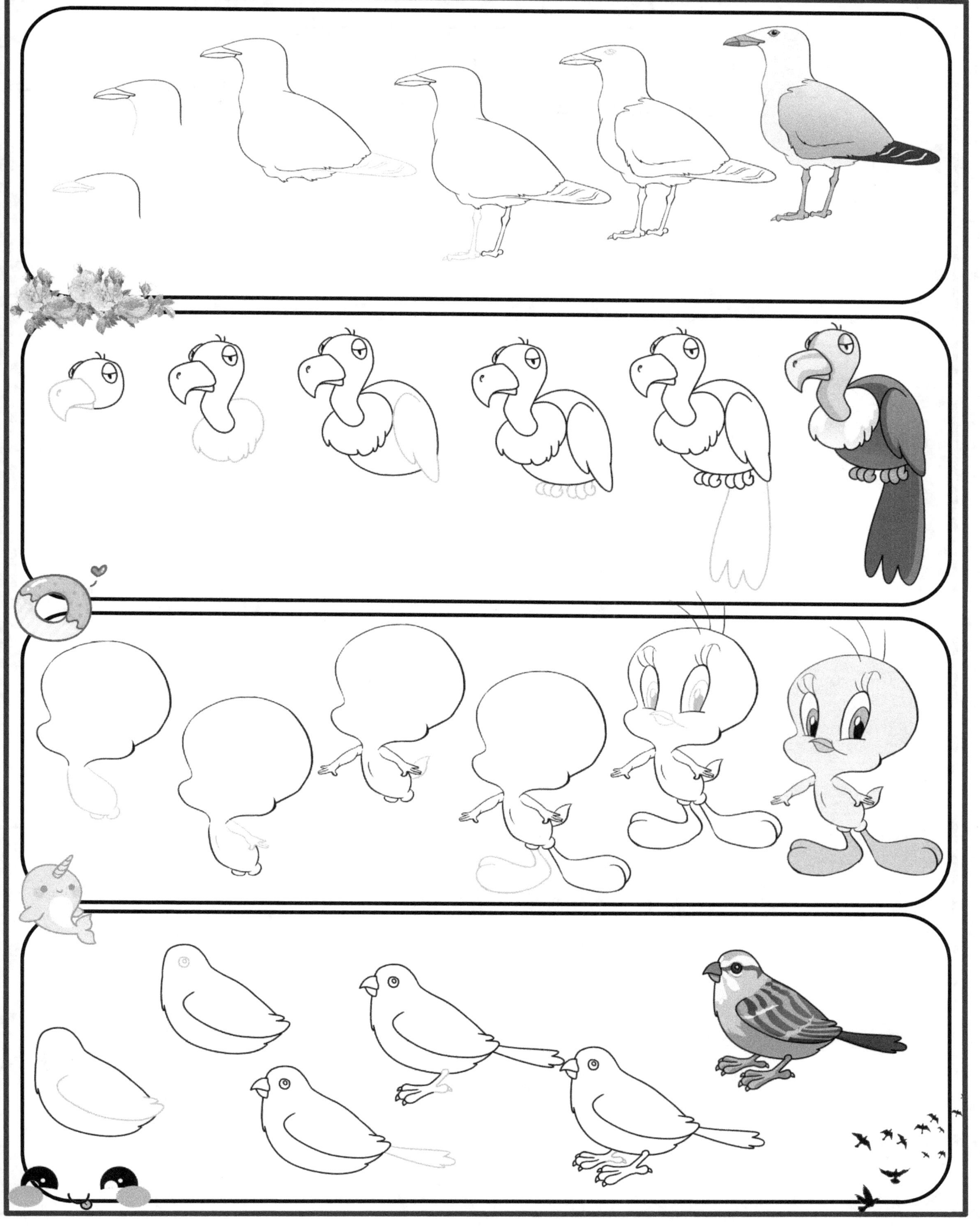

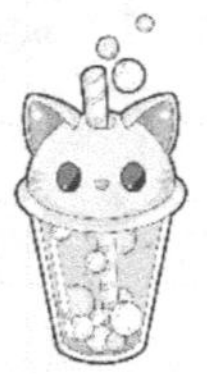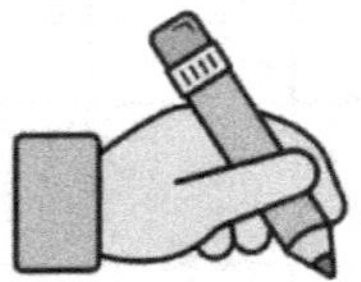

pratica

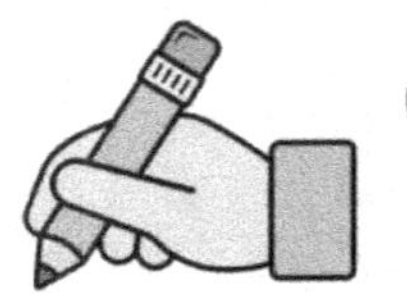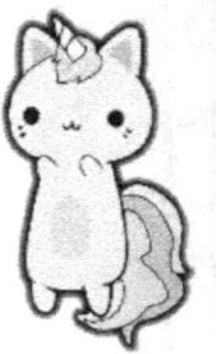

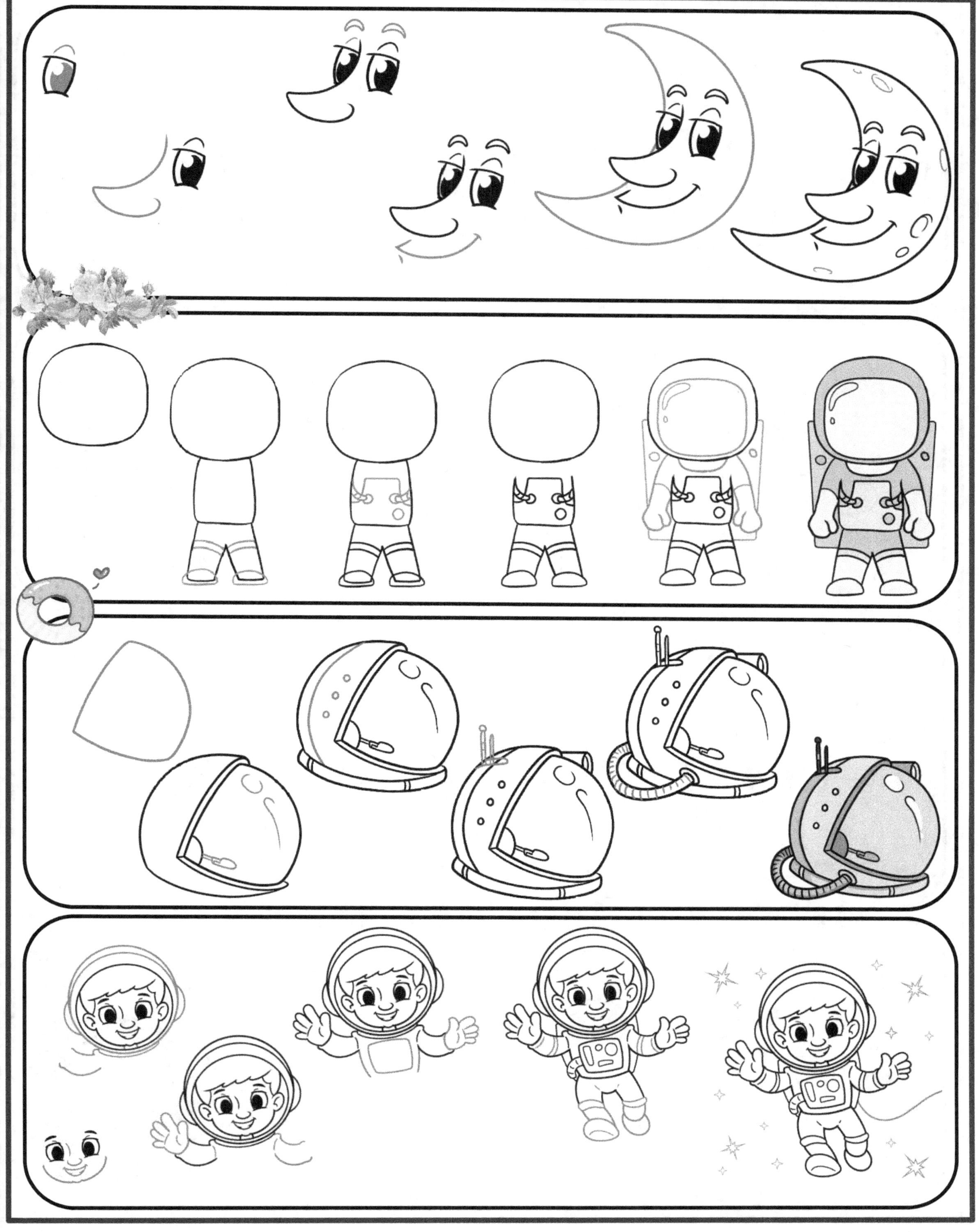

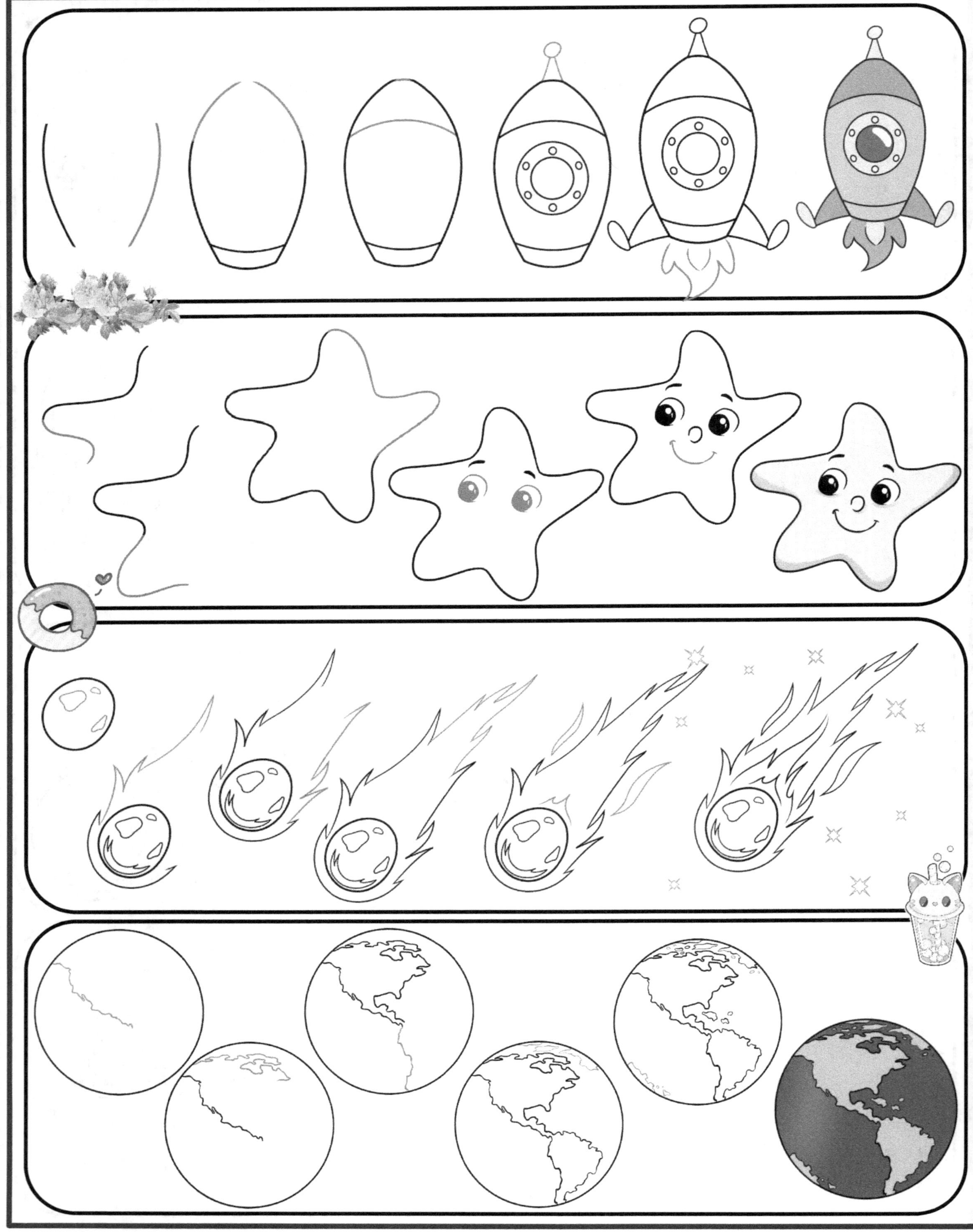

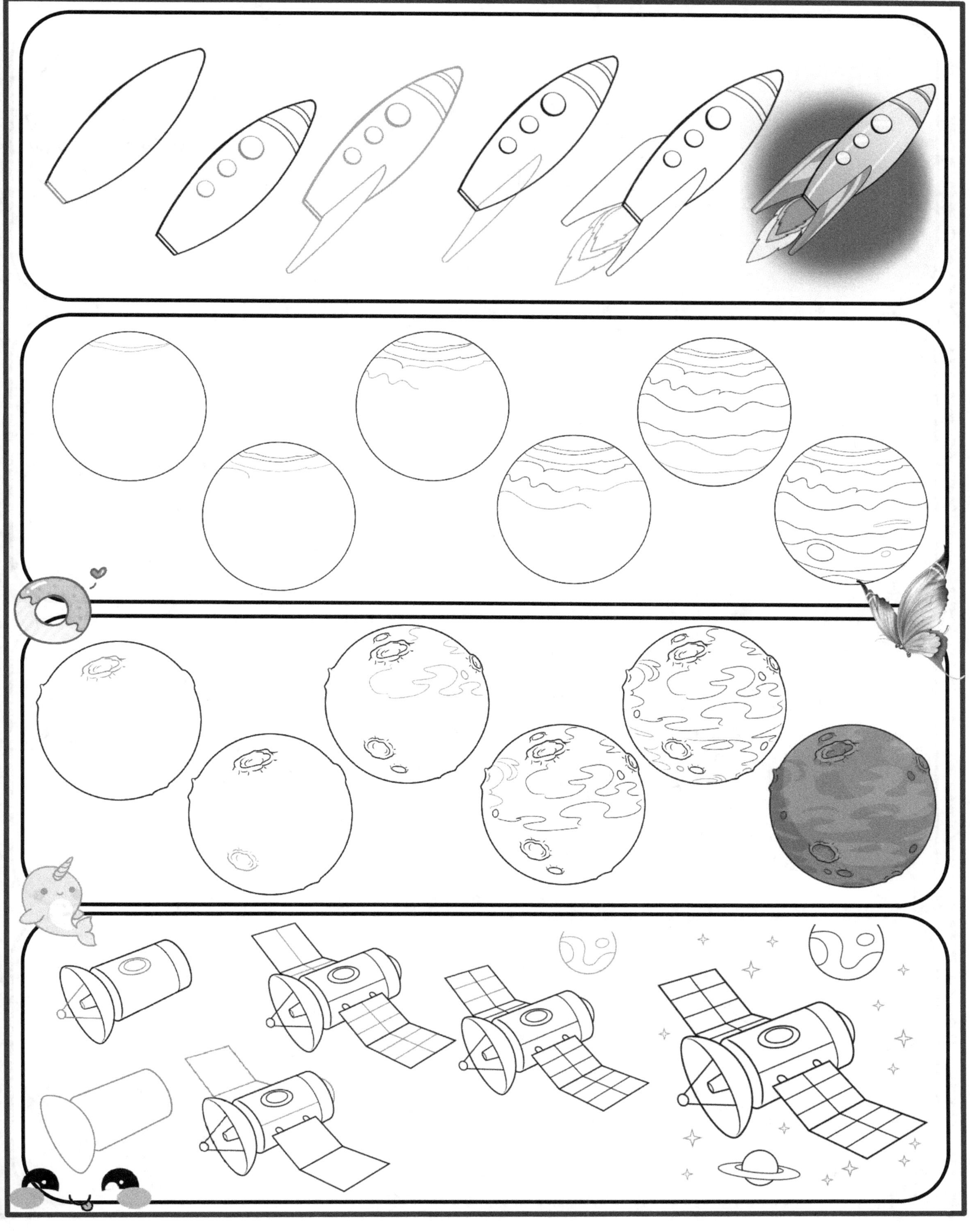

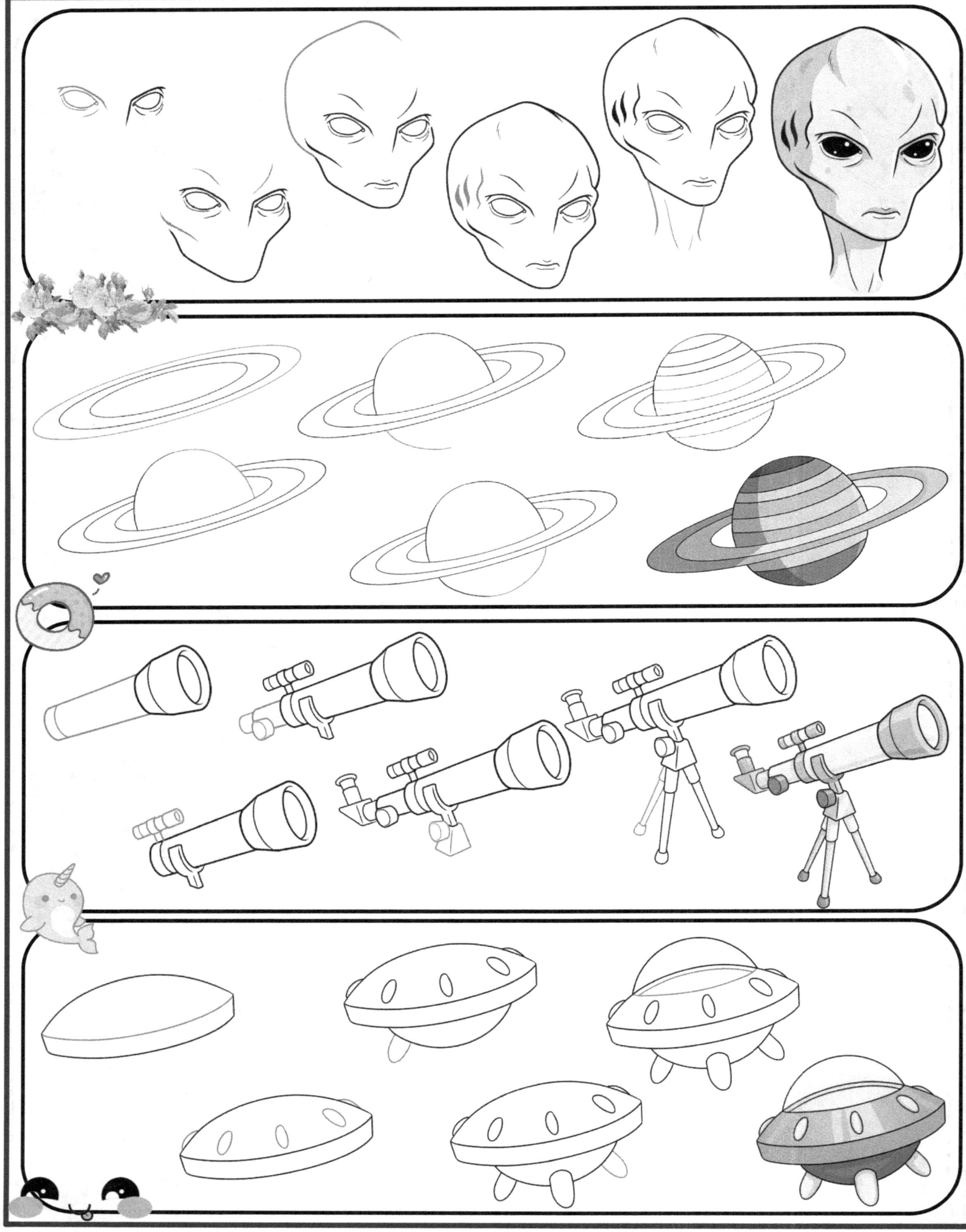

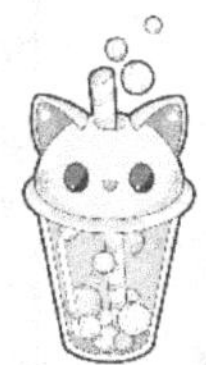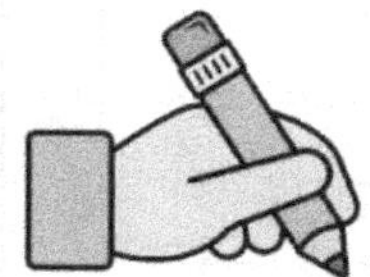

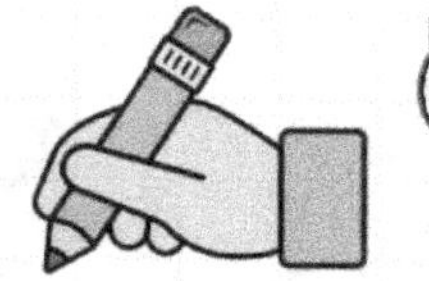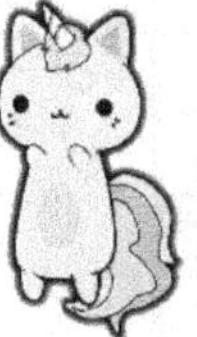

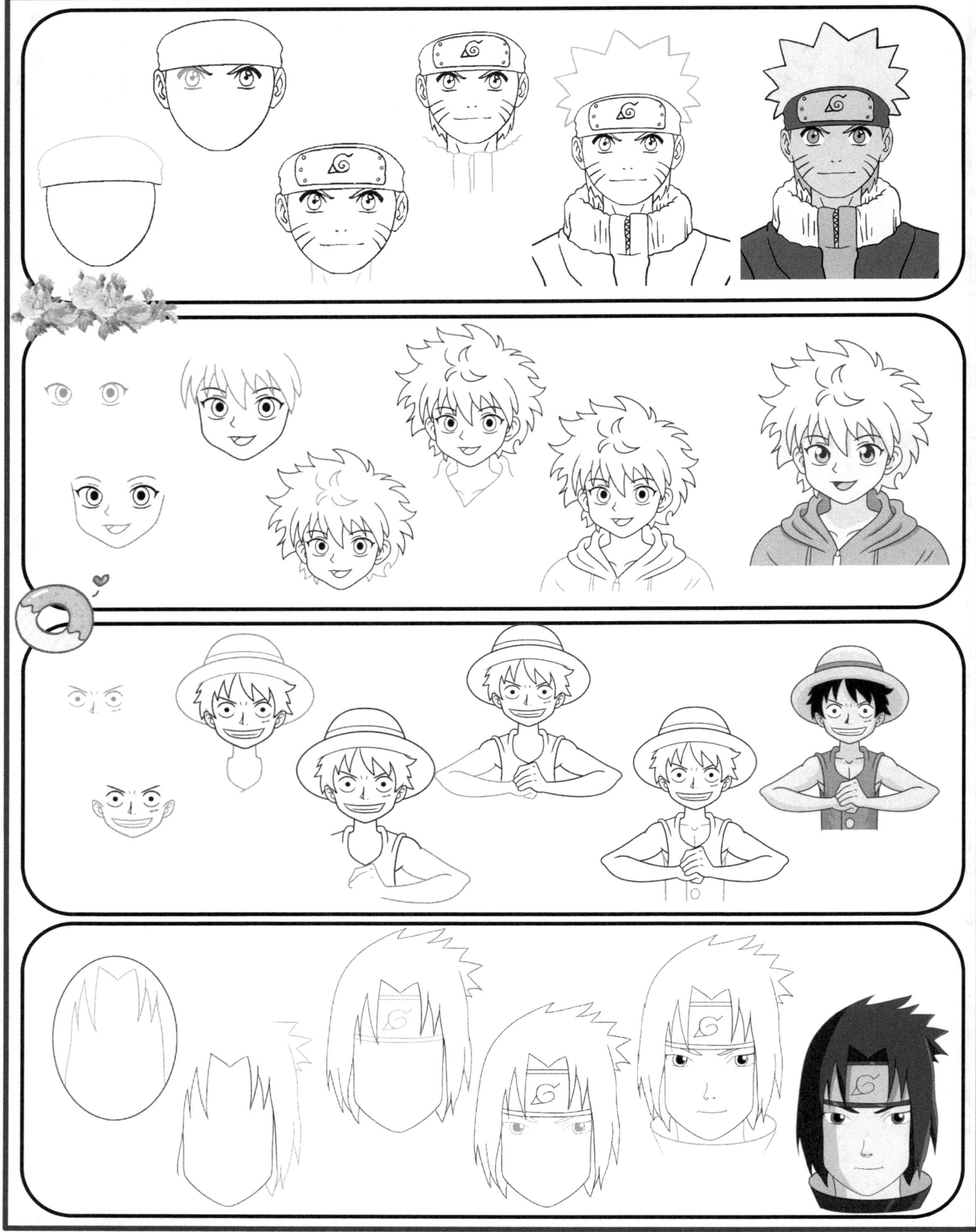

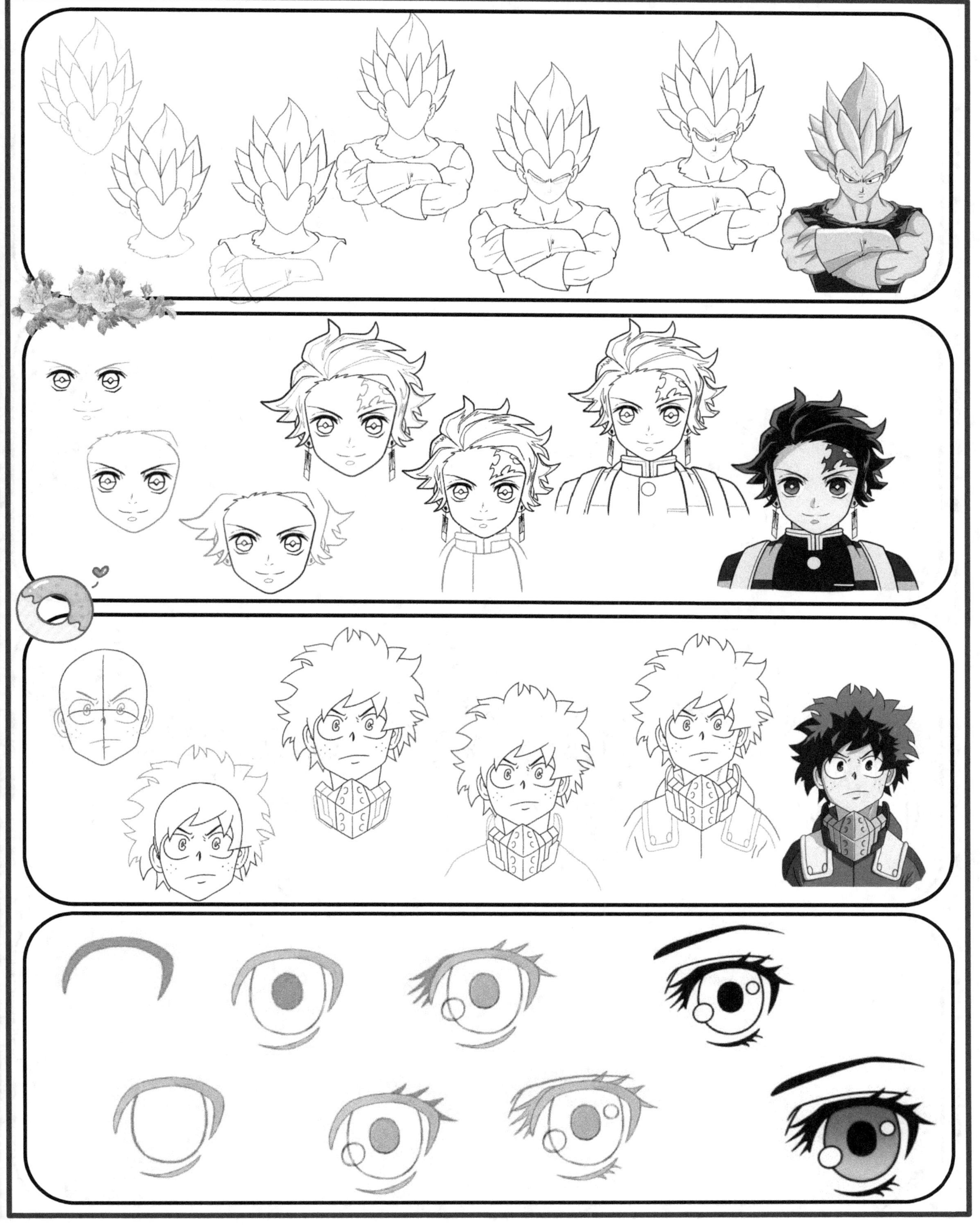

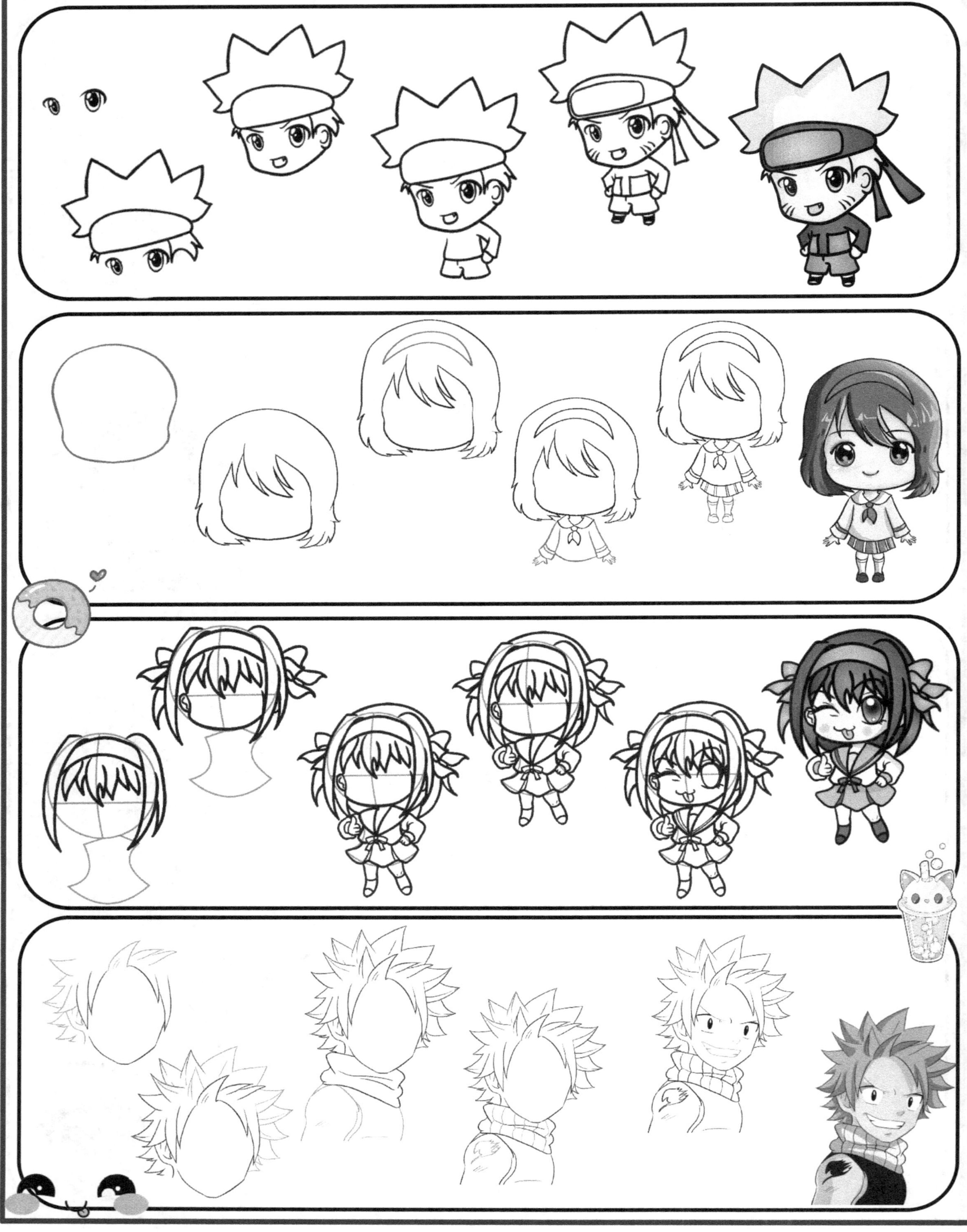

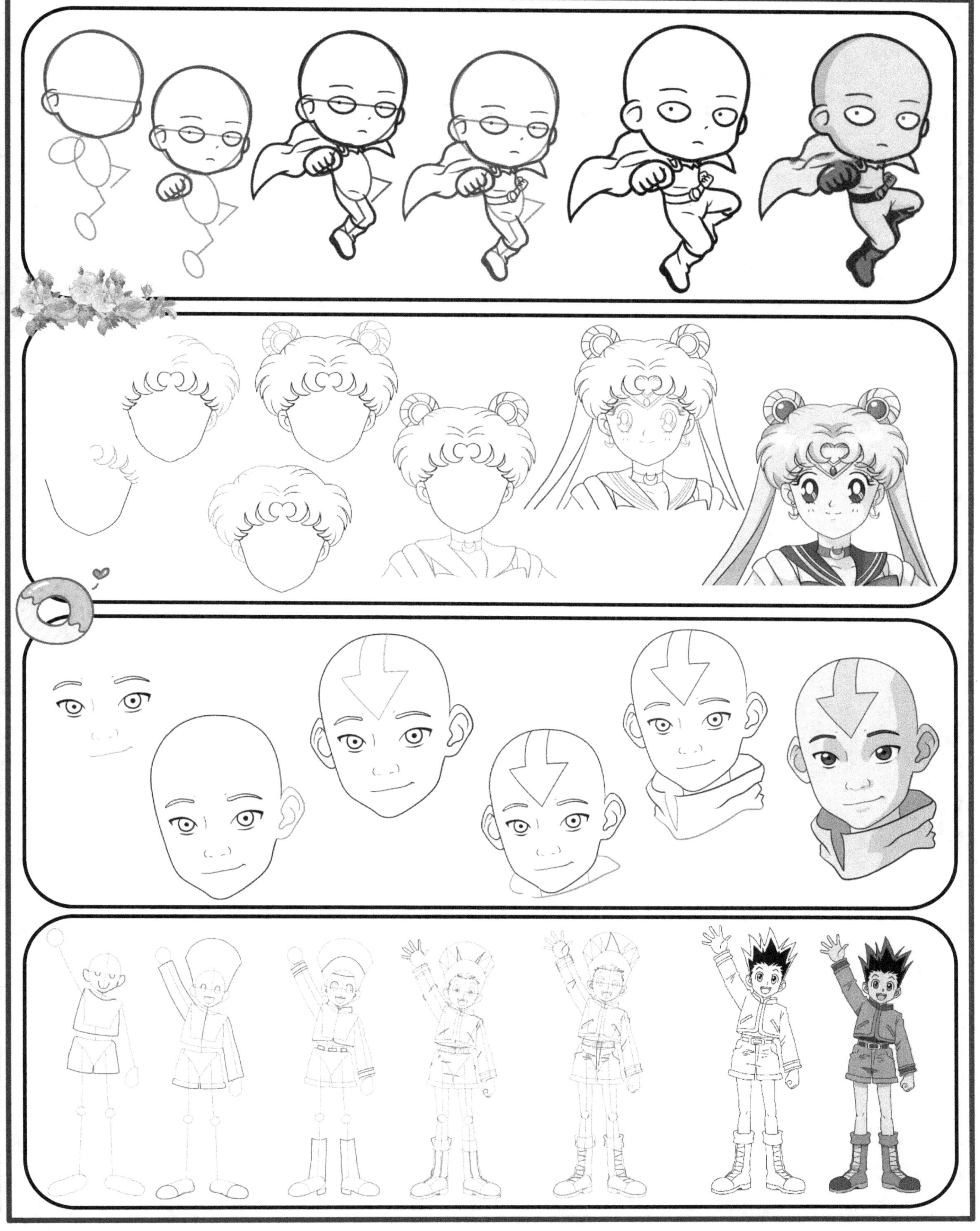

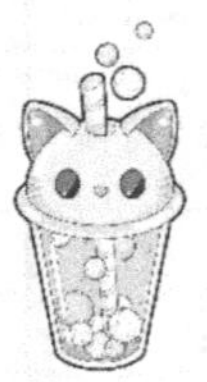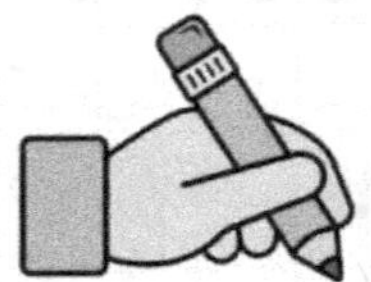

pratica

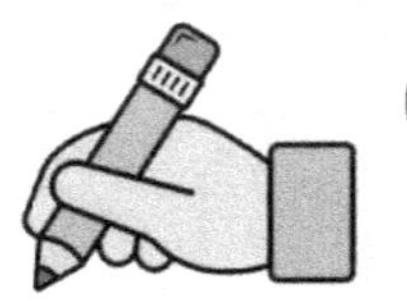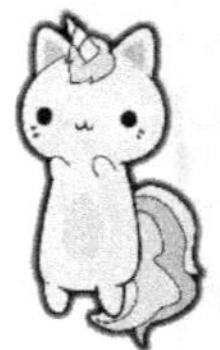

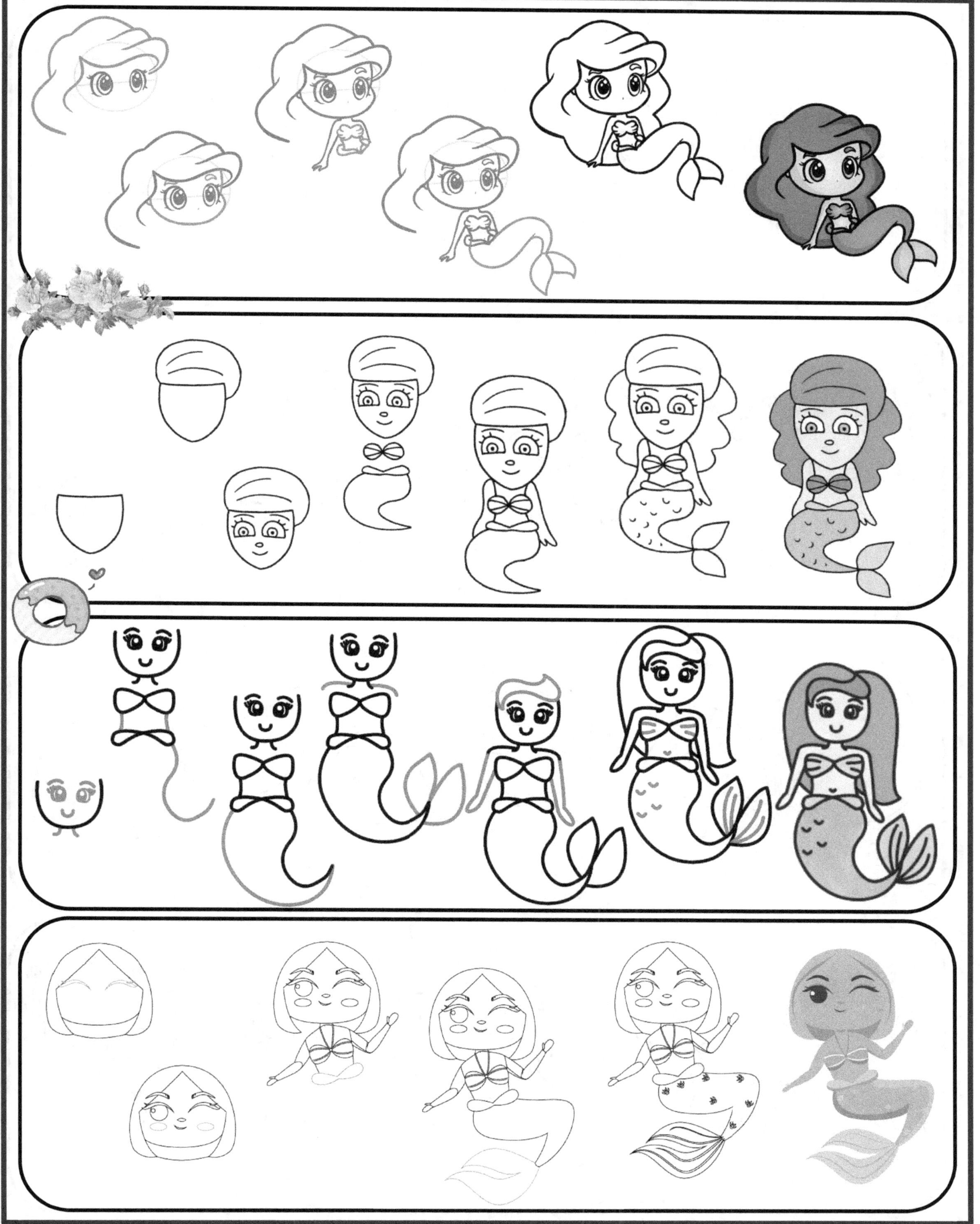

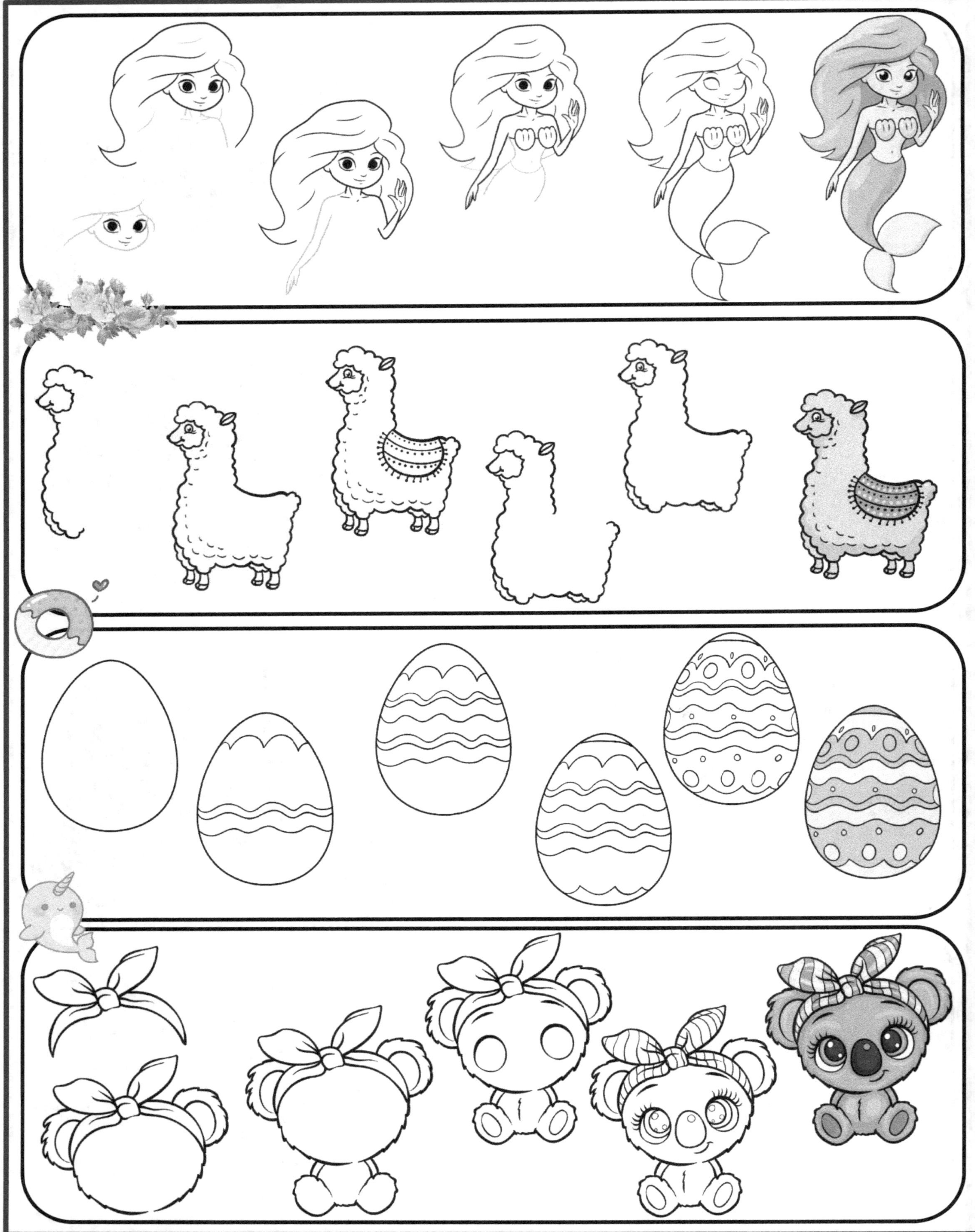

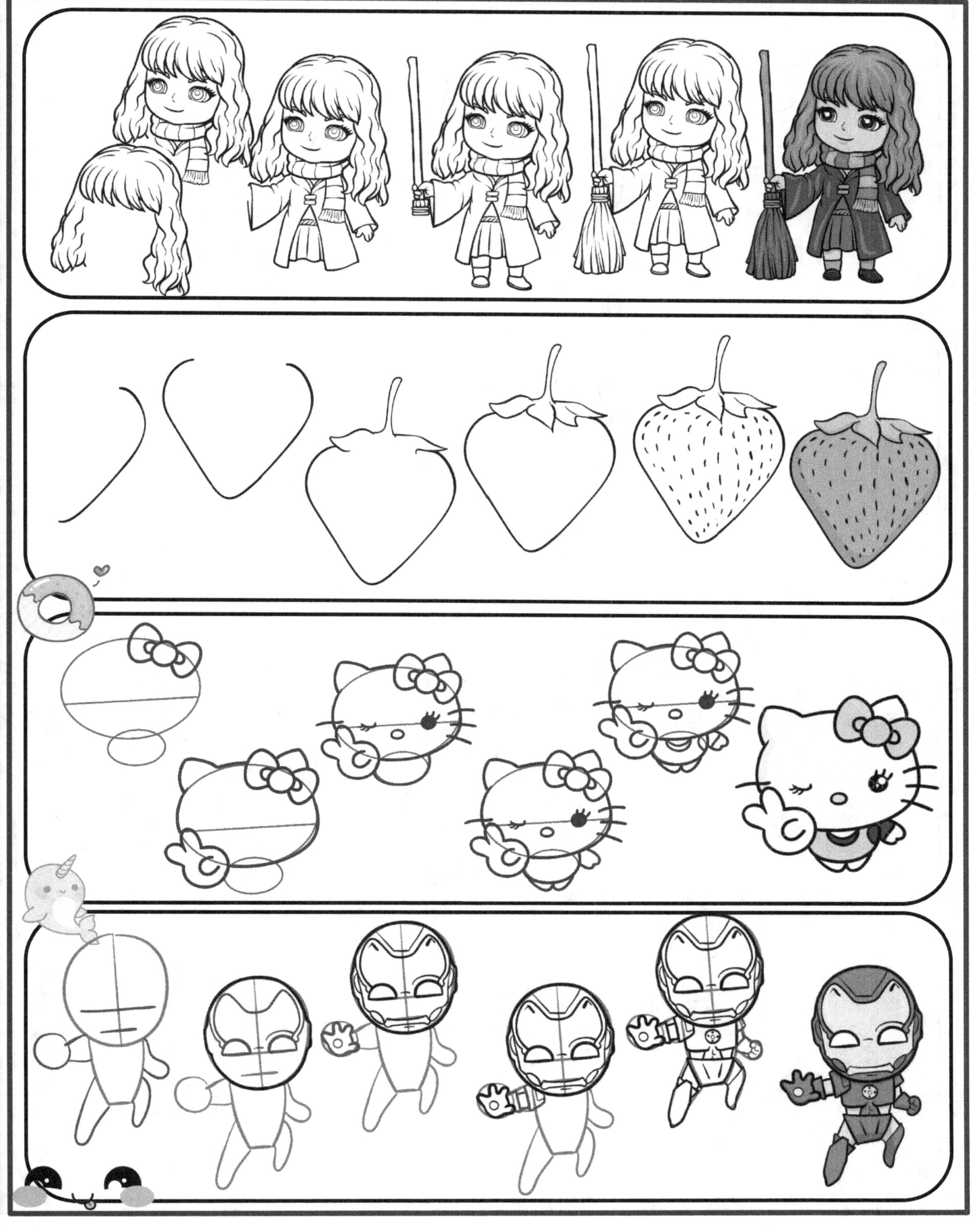

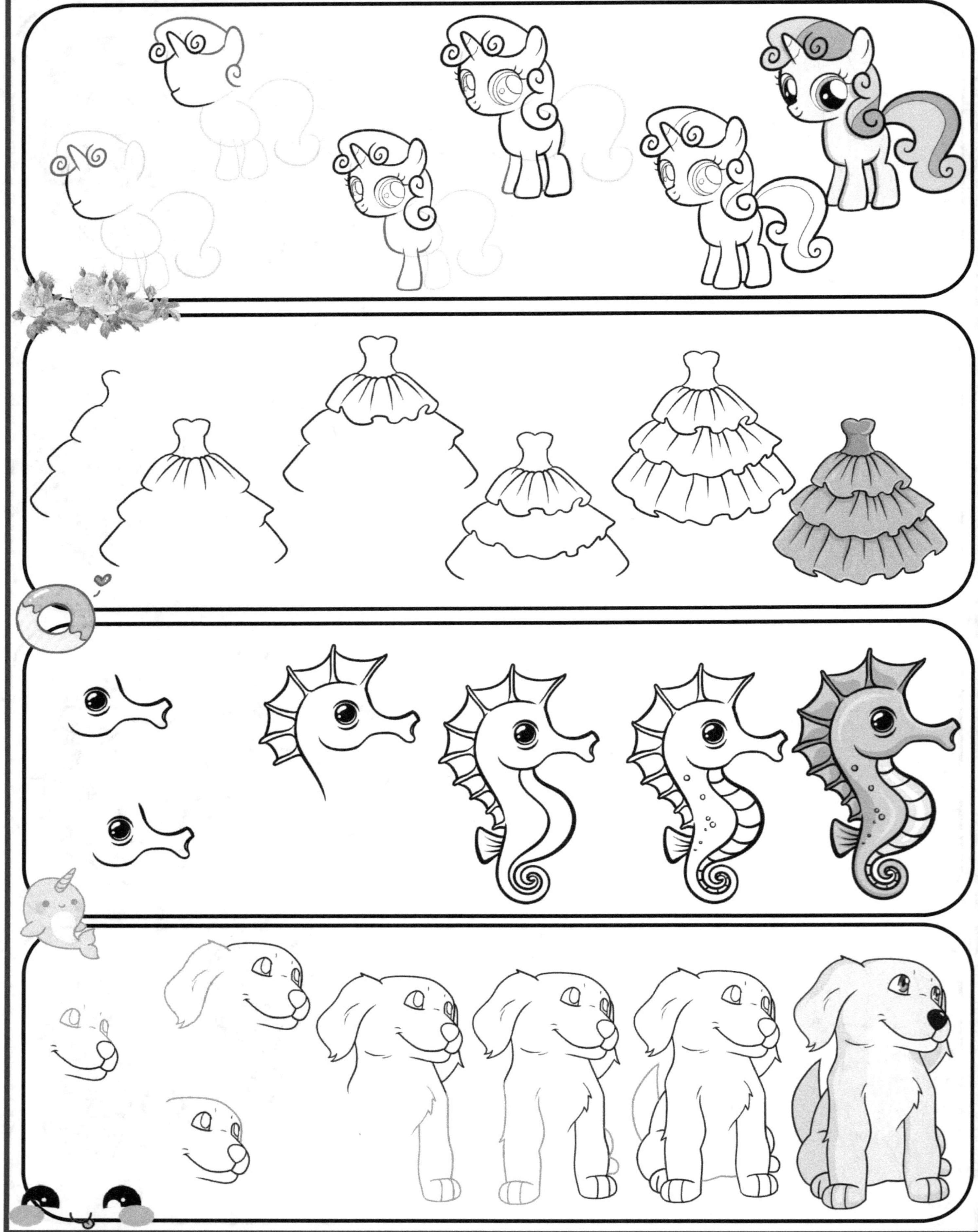

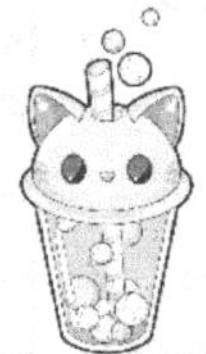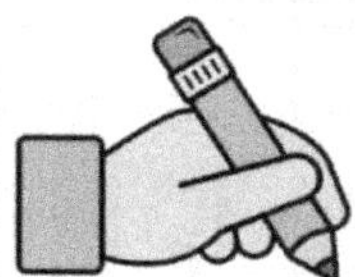

Pratica

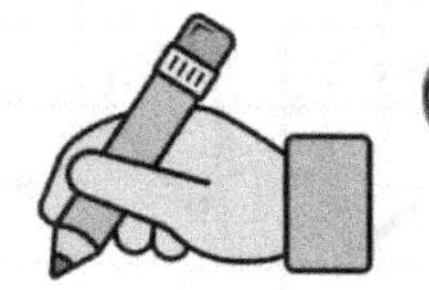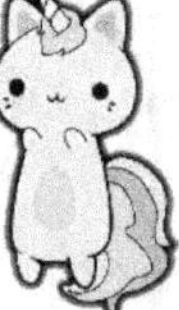

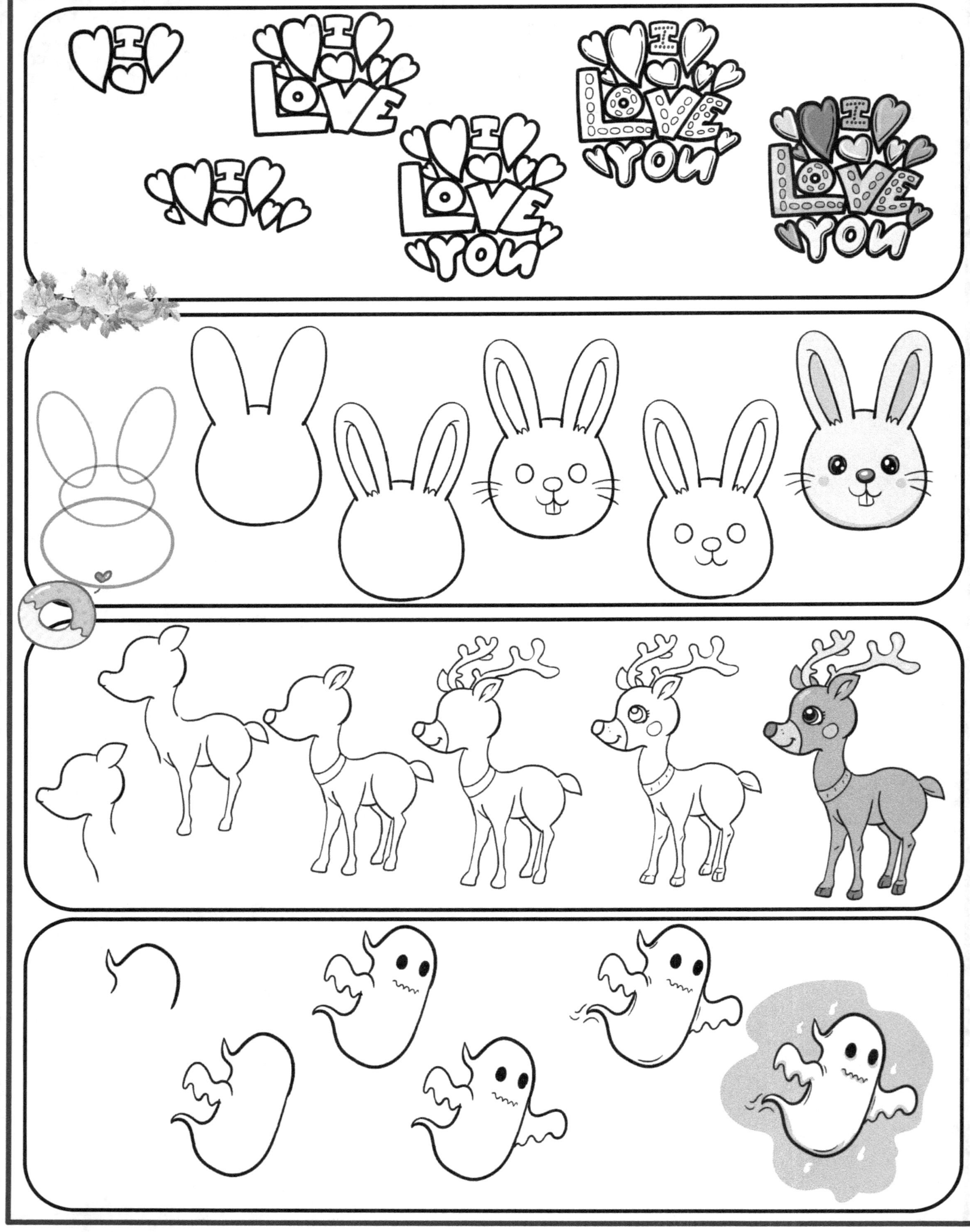

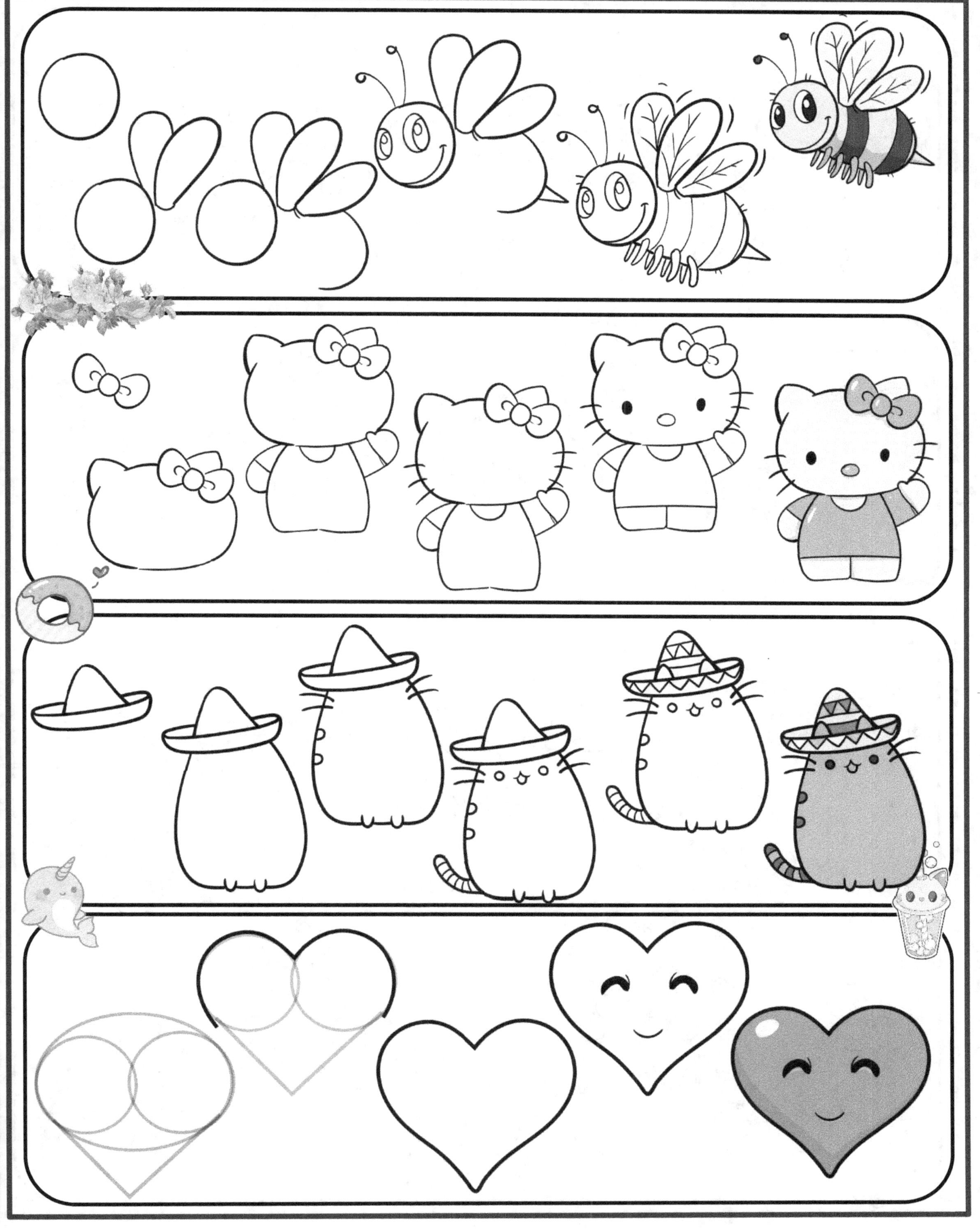

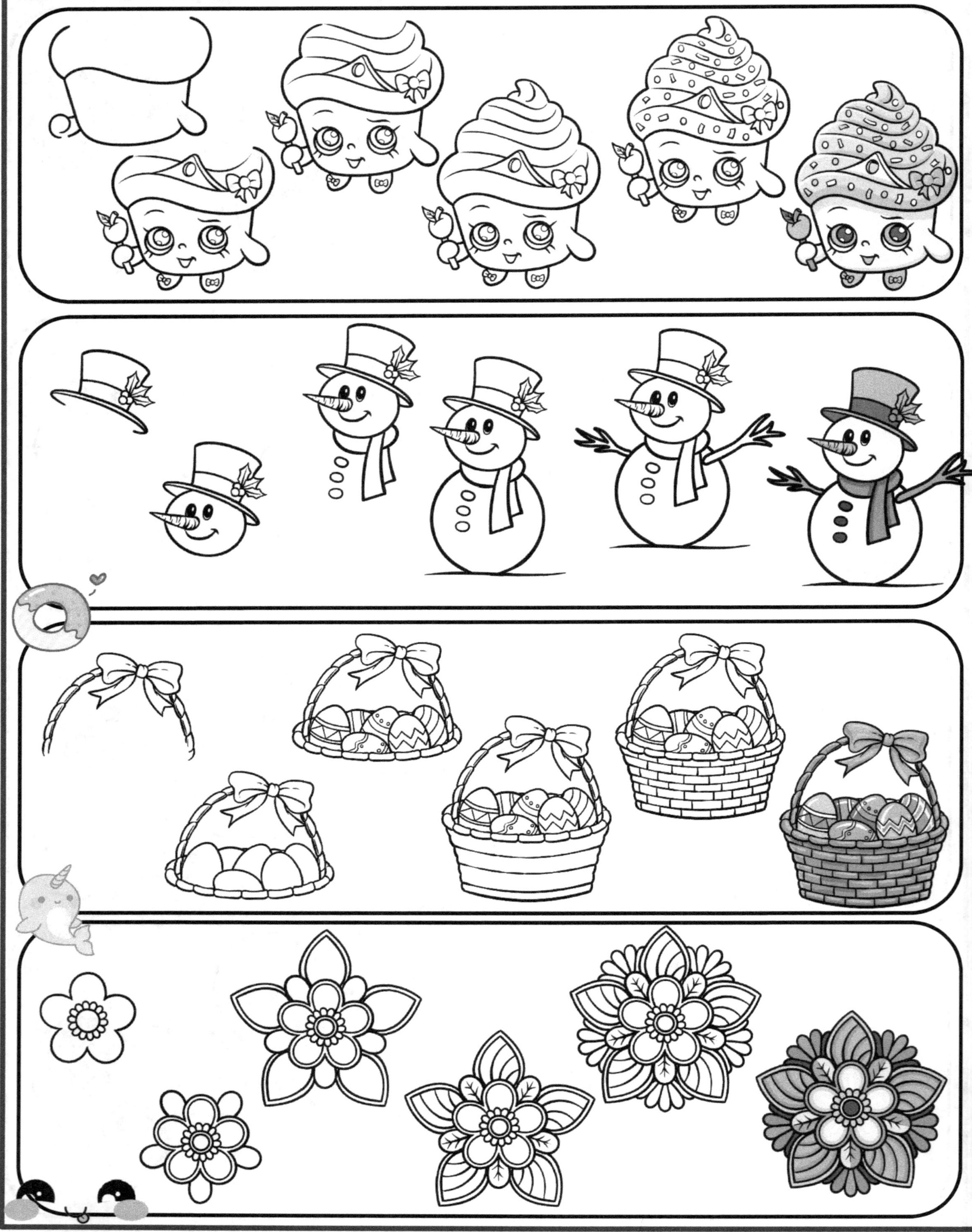

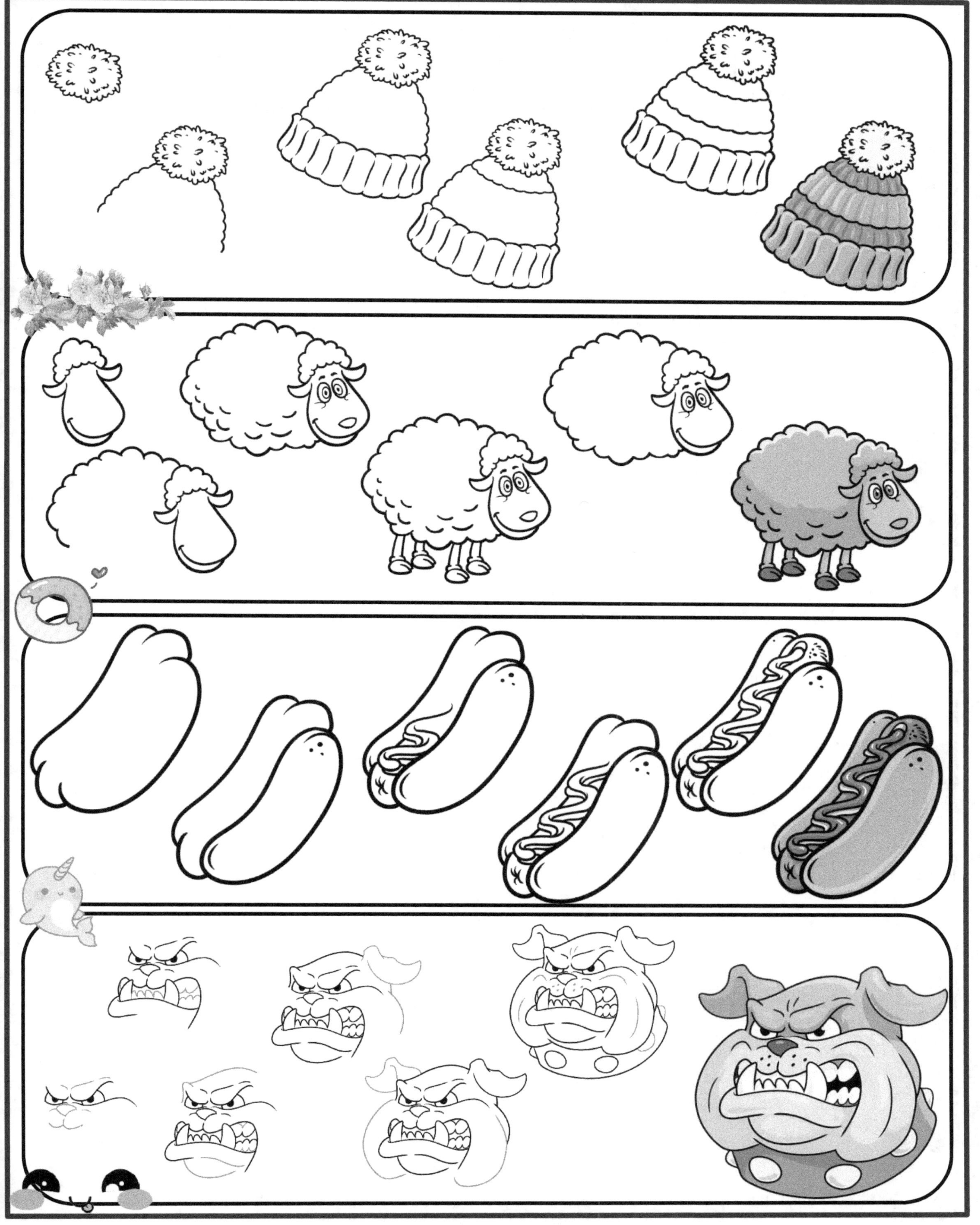

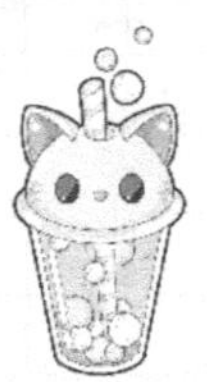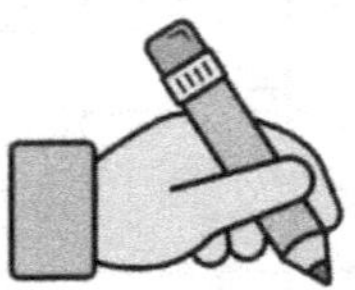

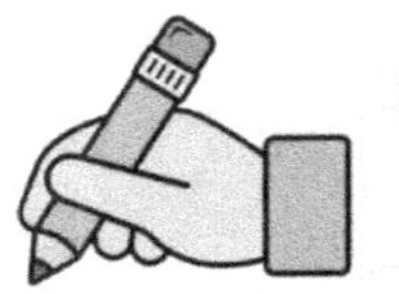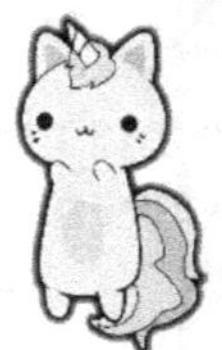

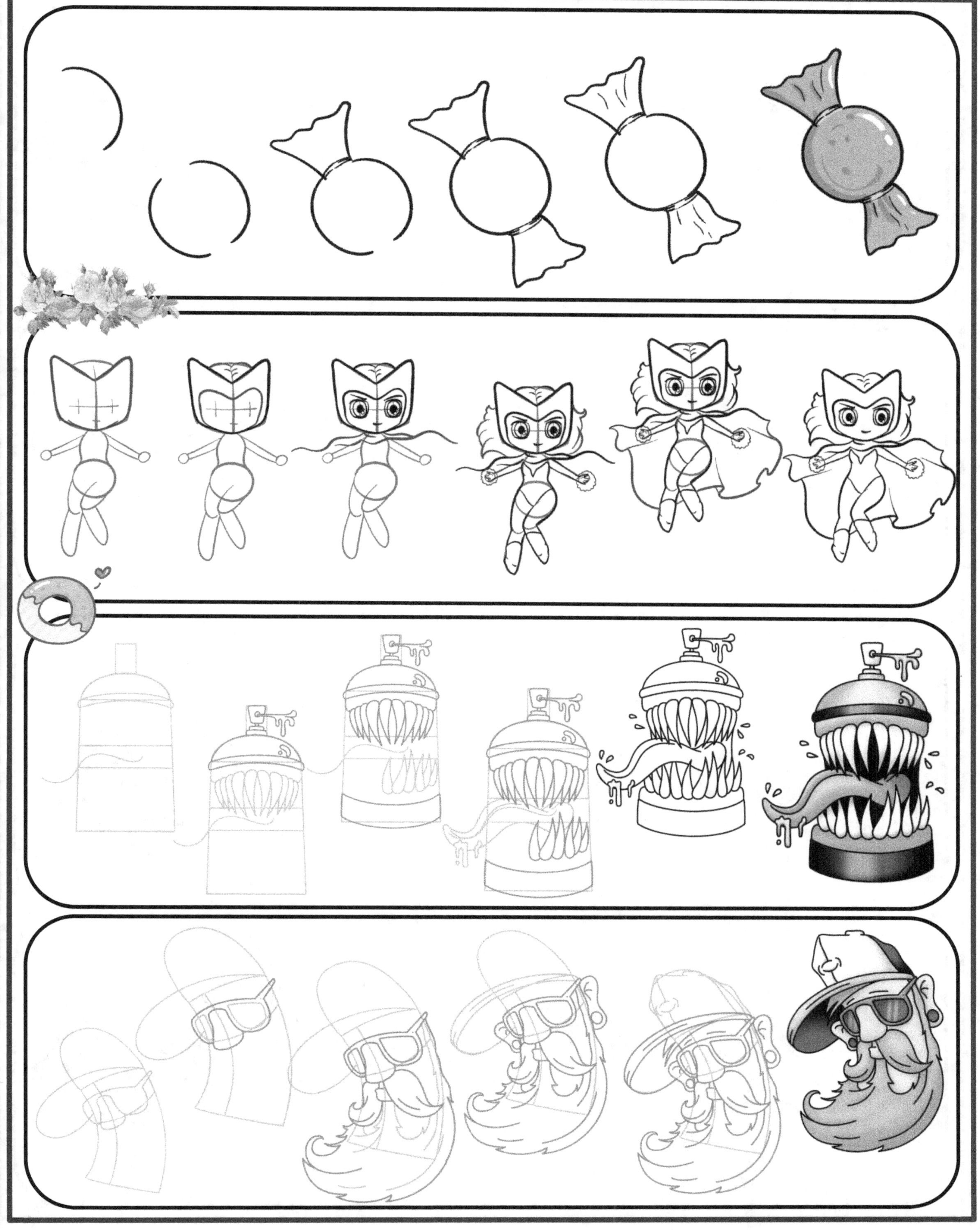

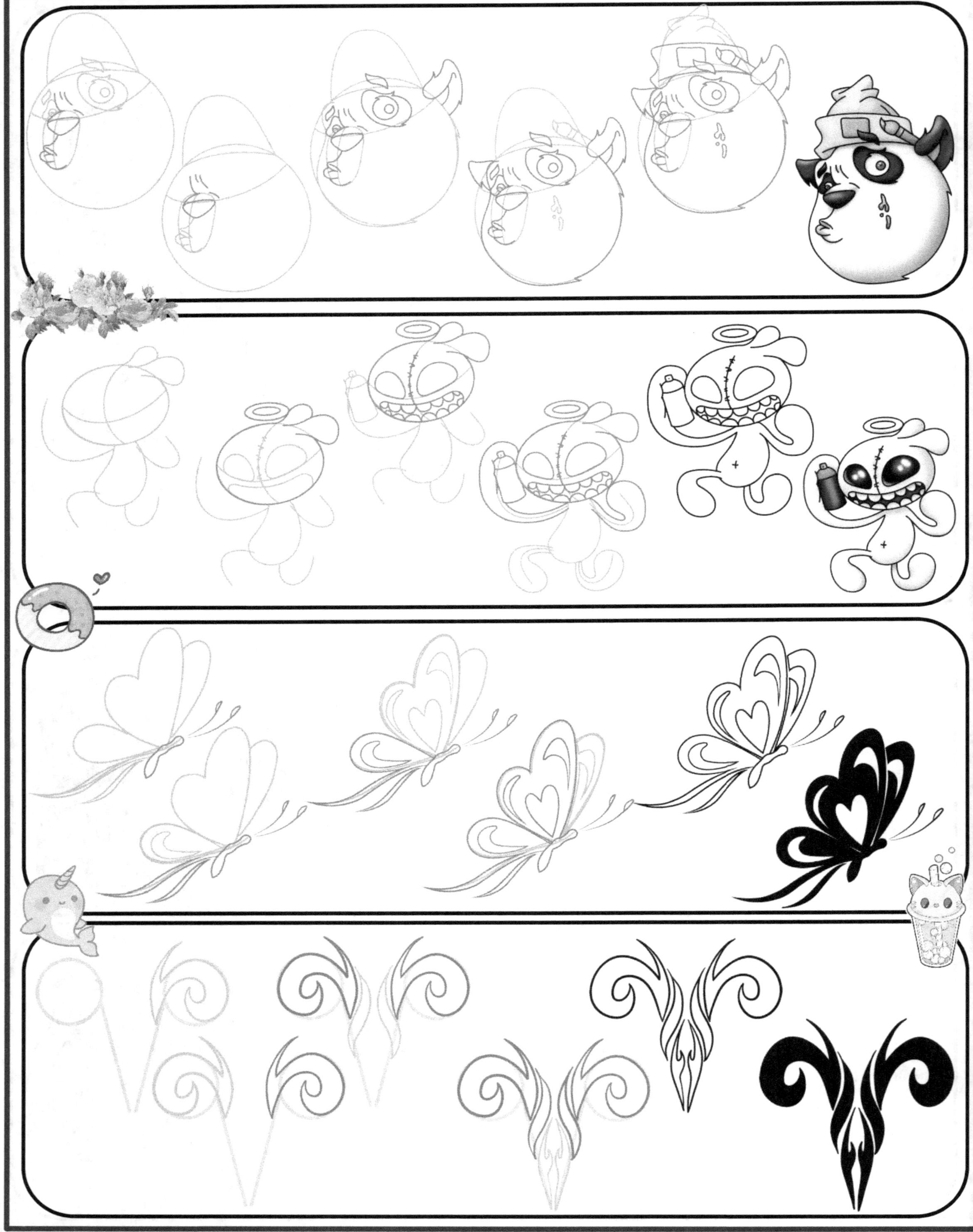

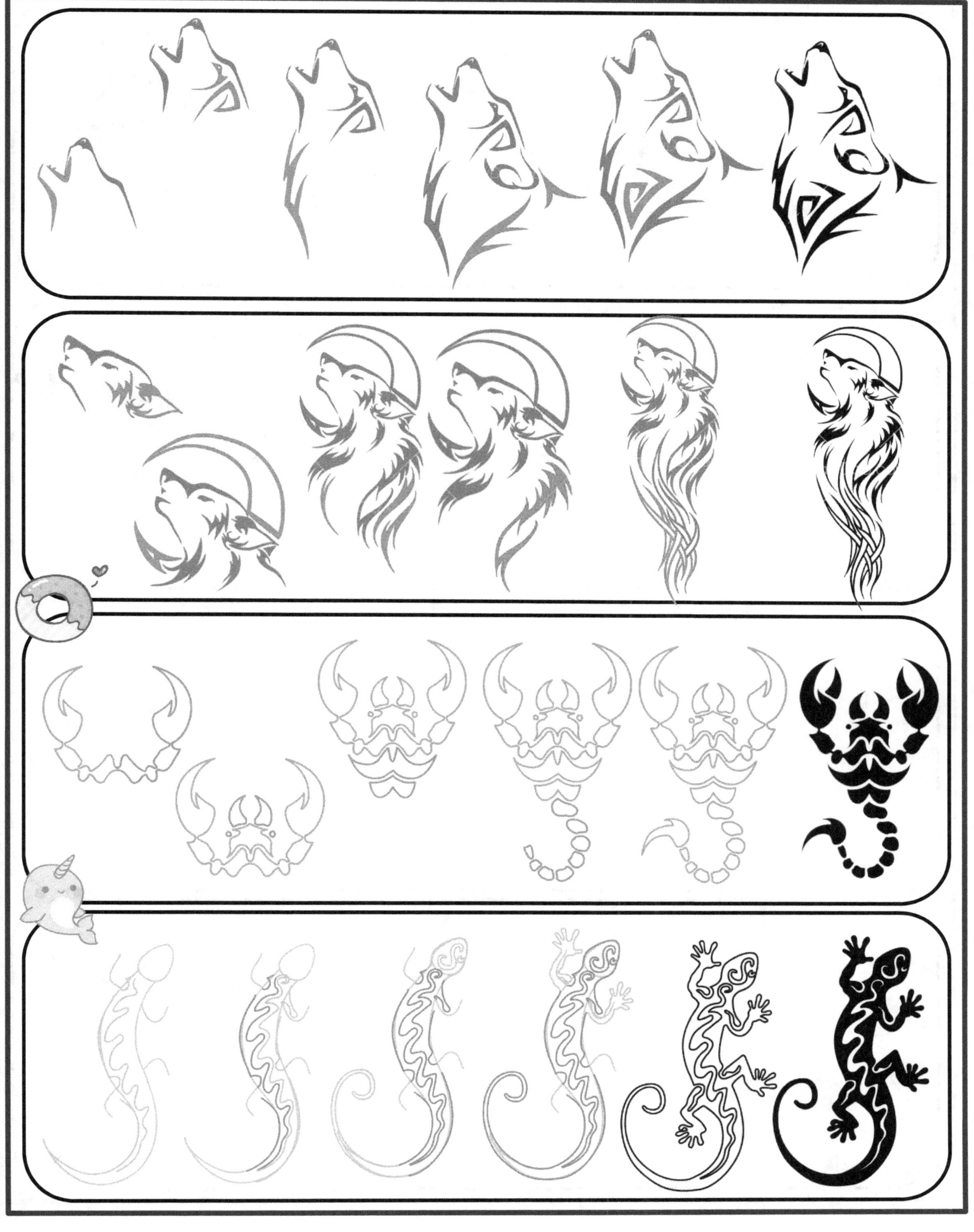

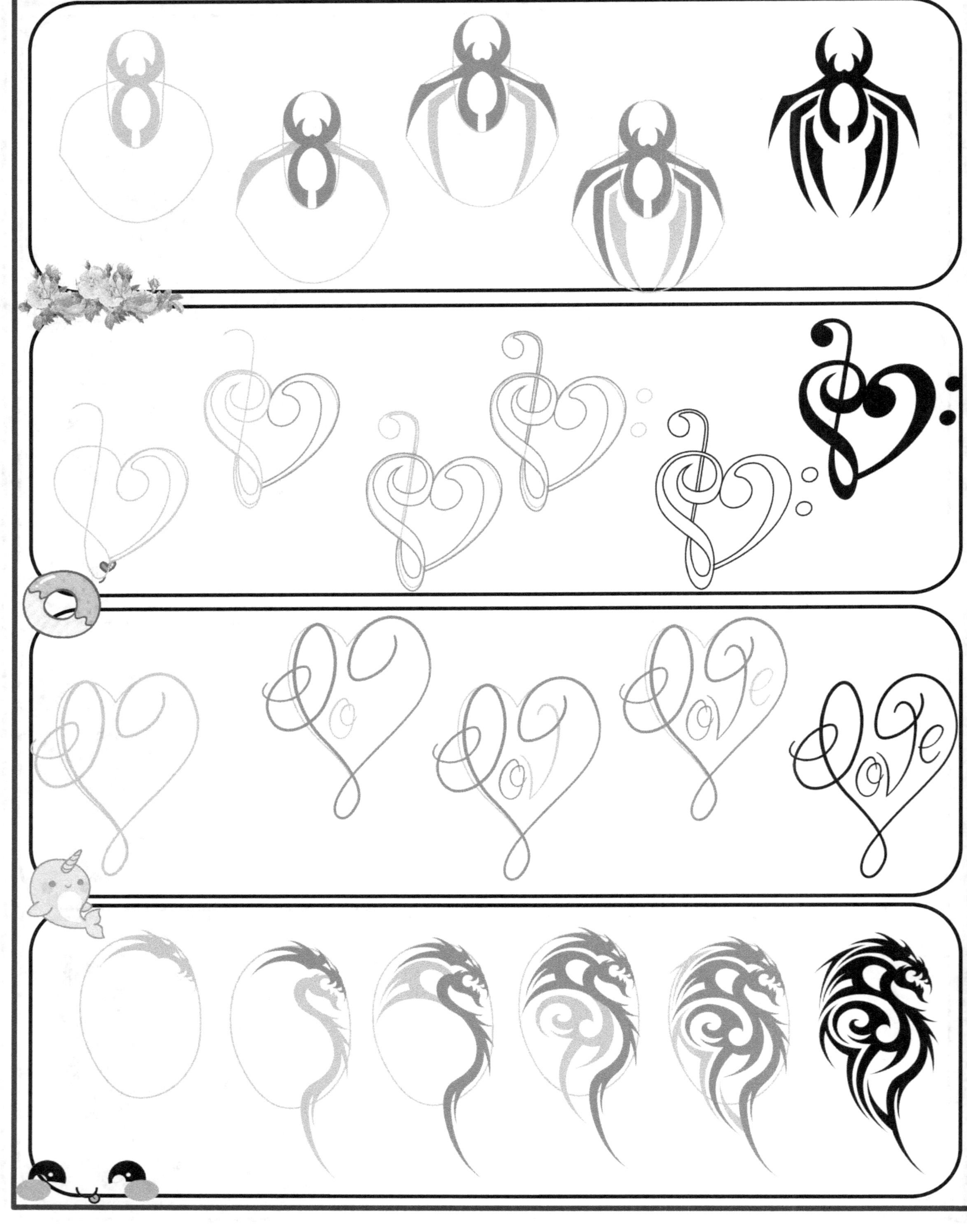

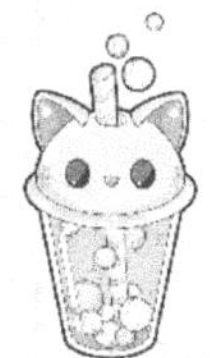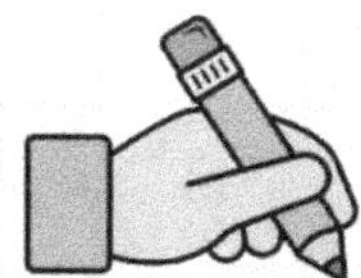

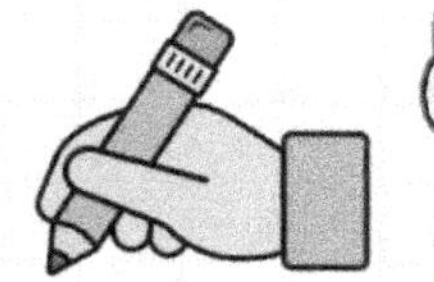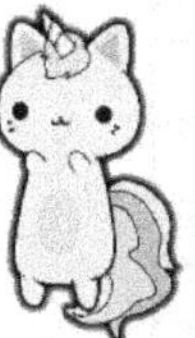

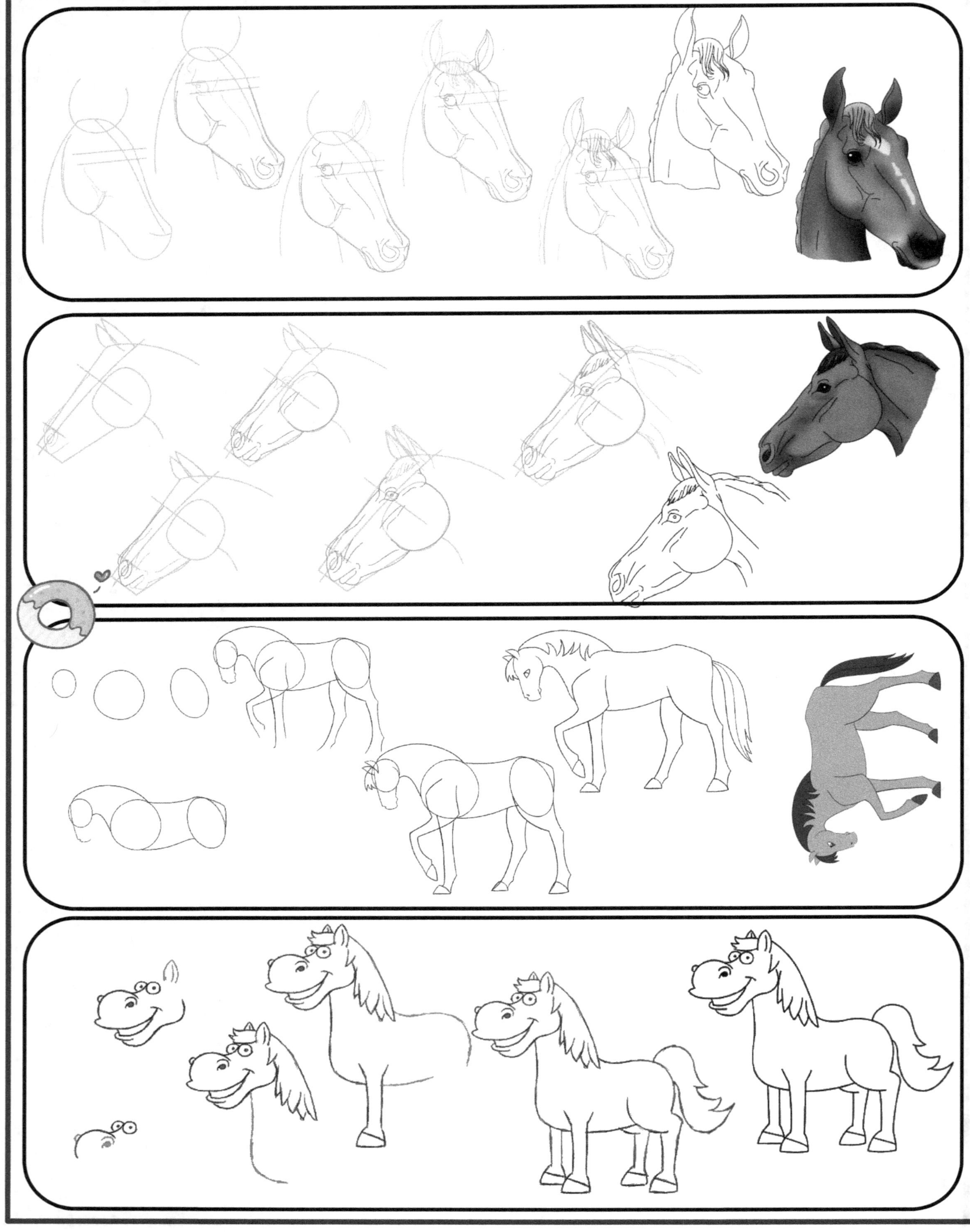

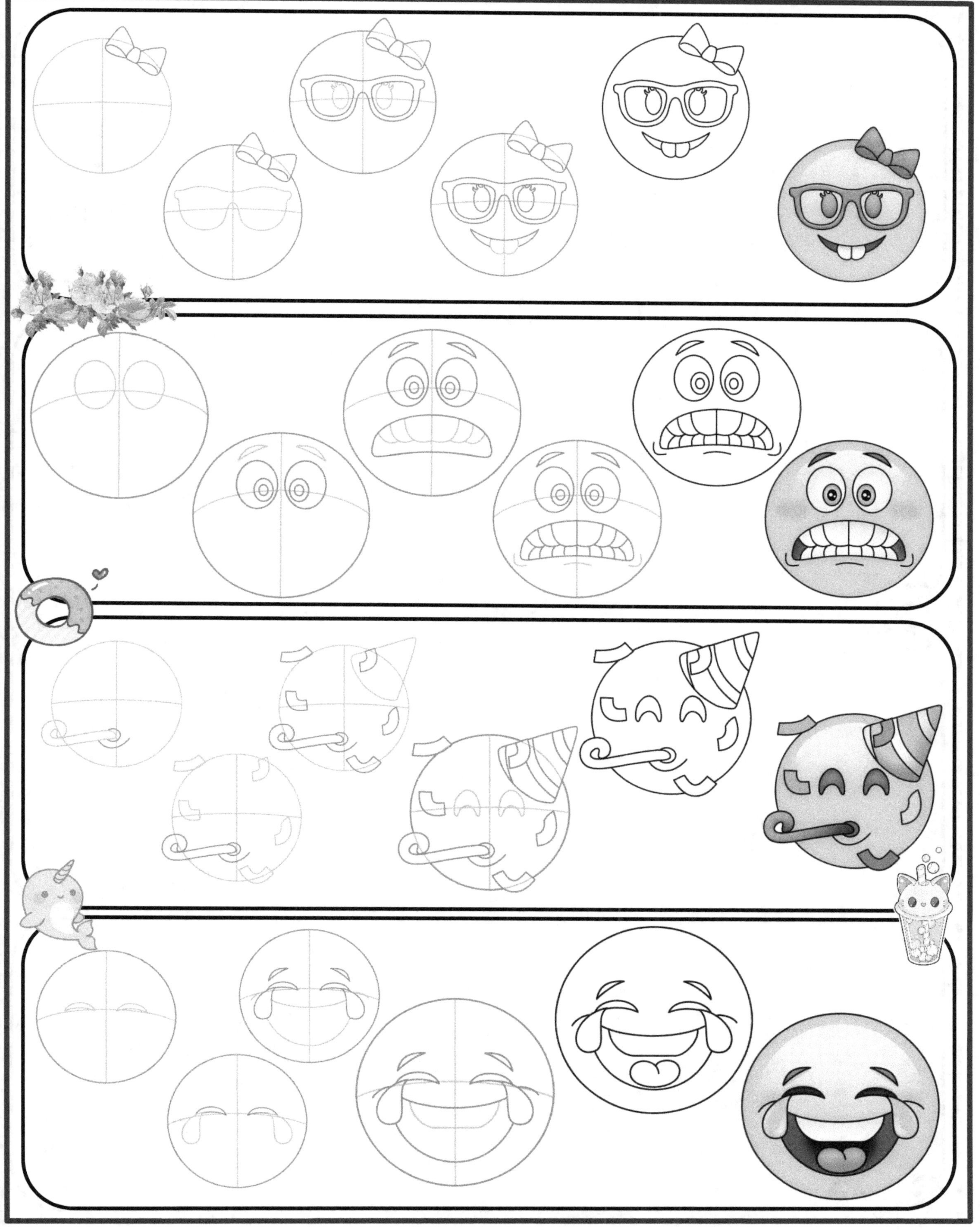

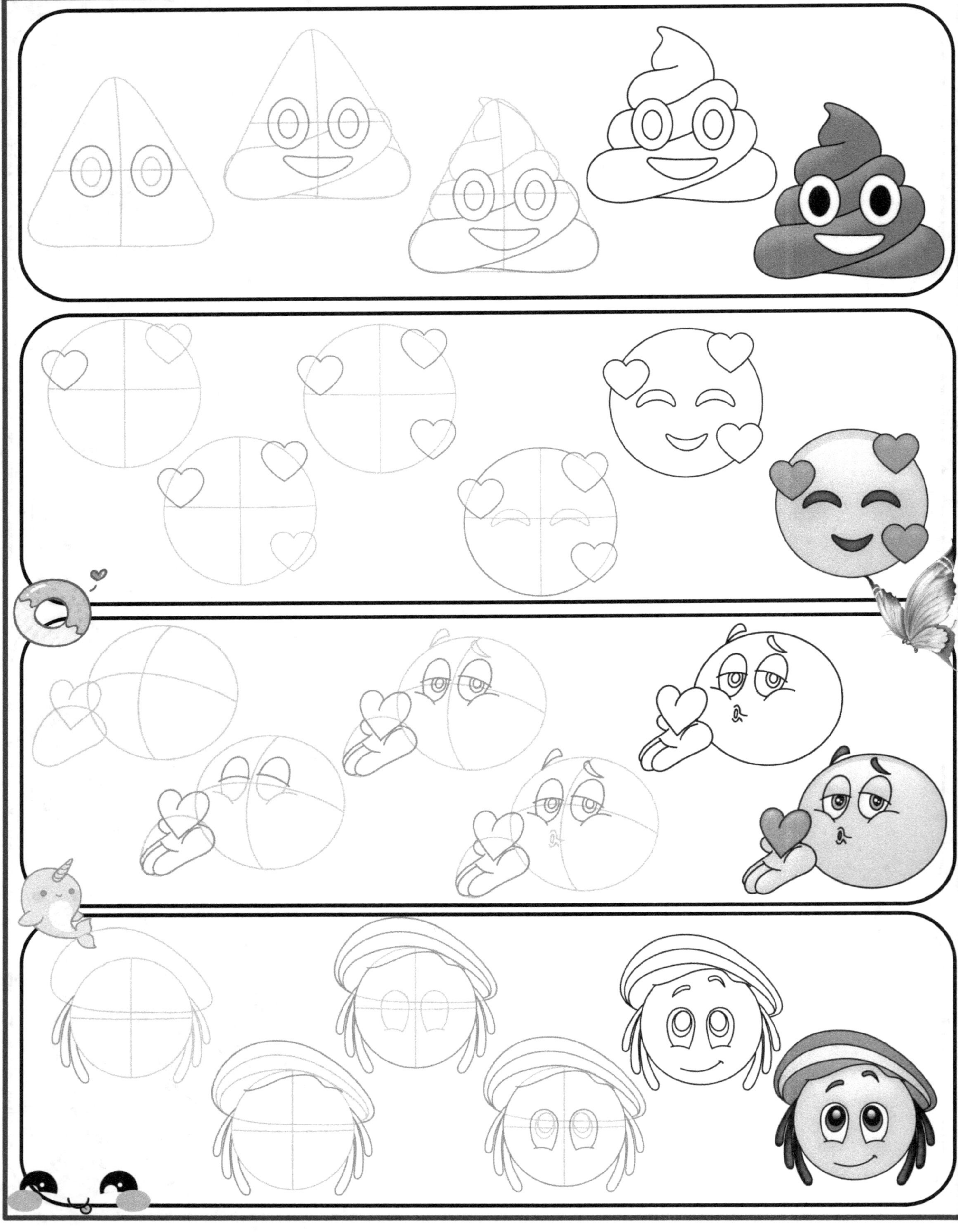

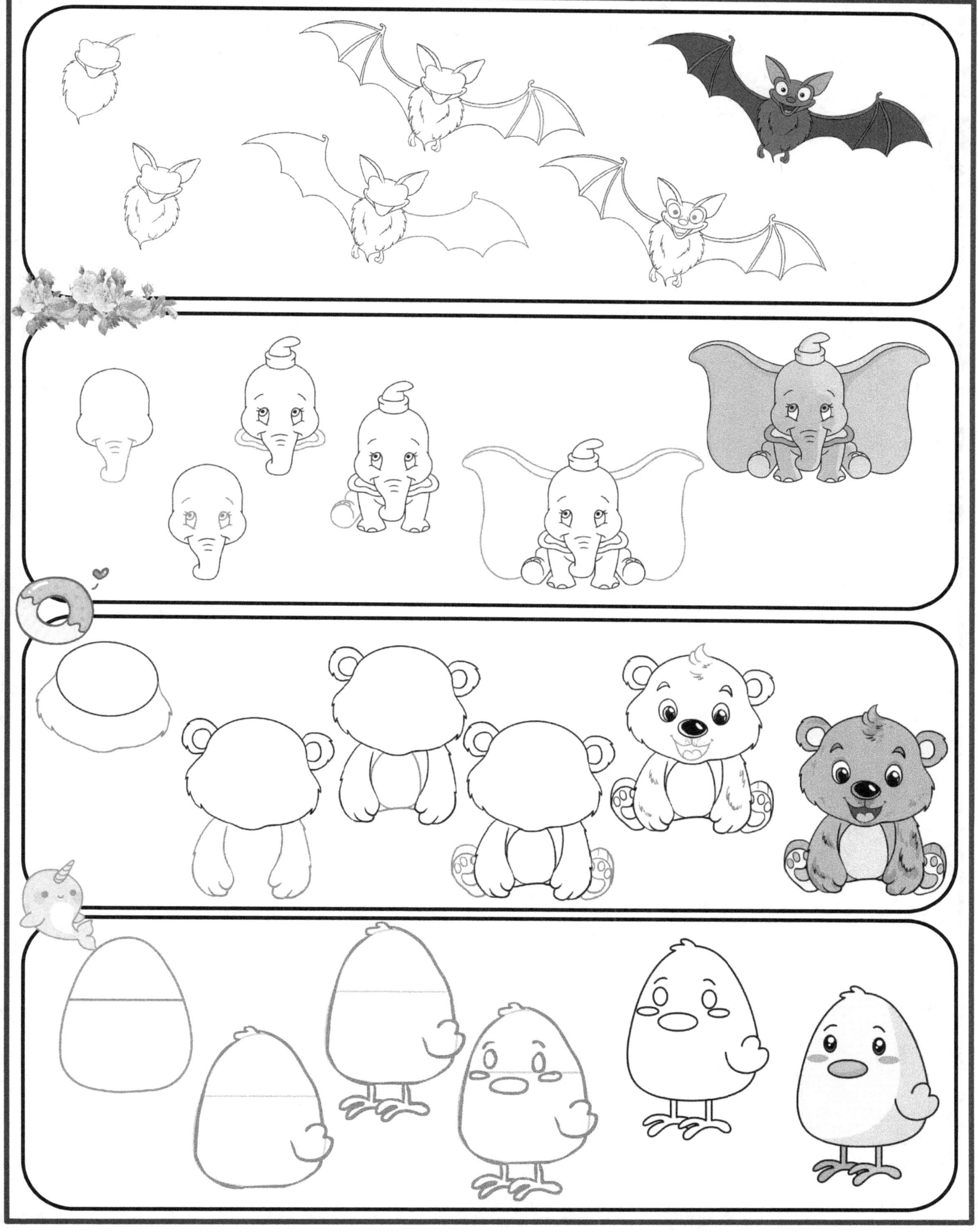

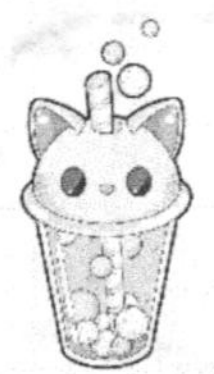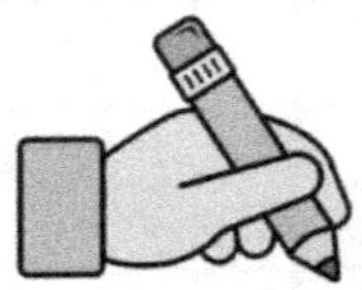

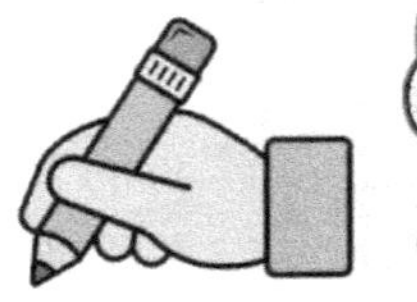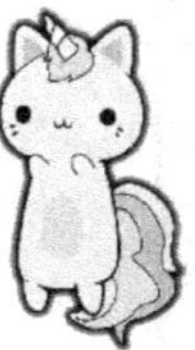

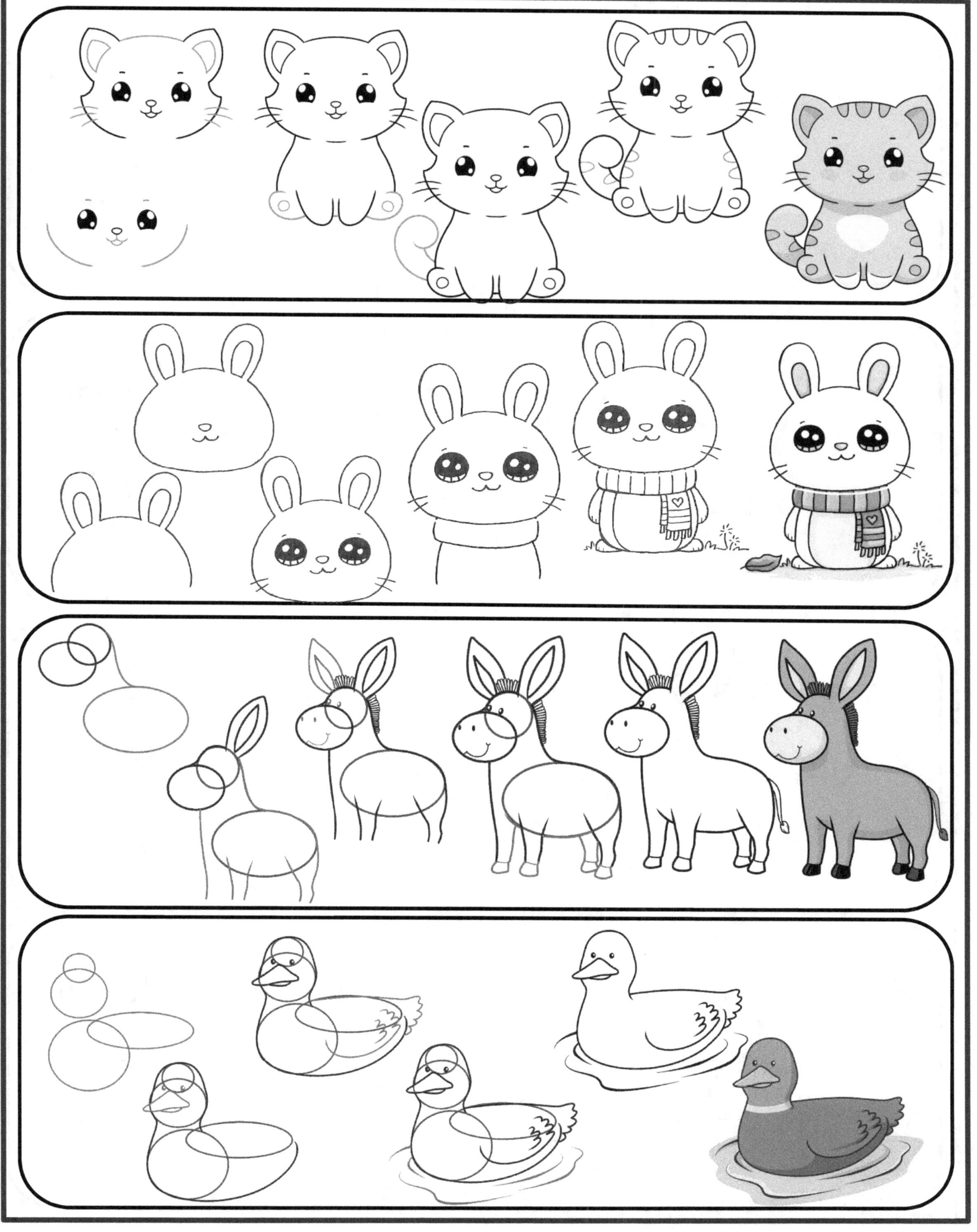

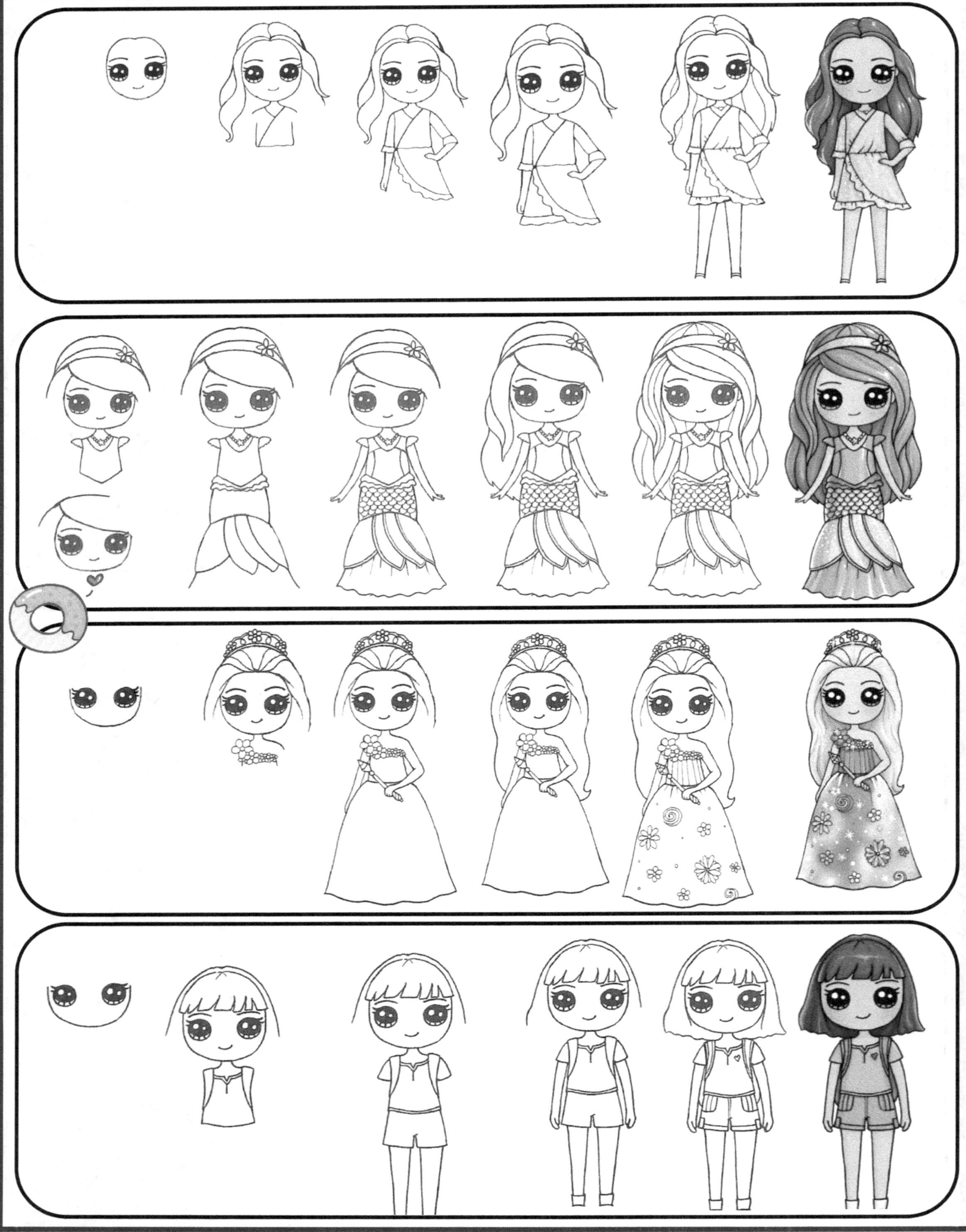

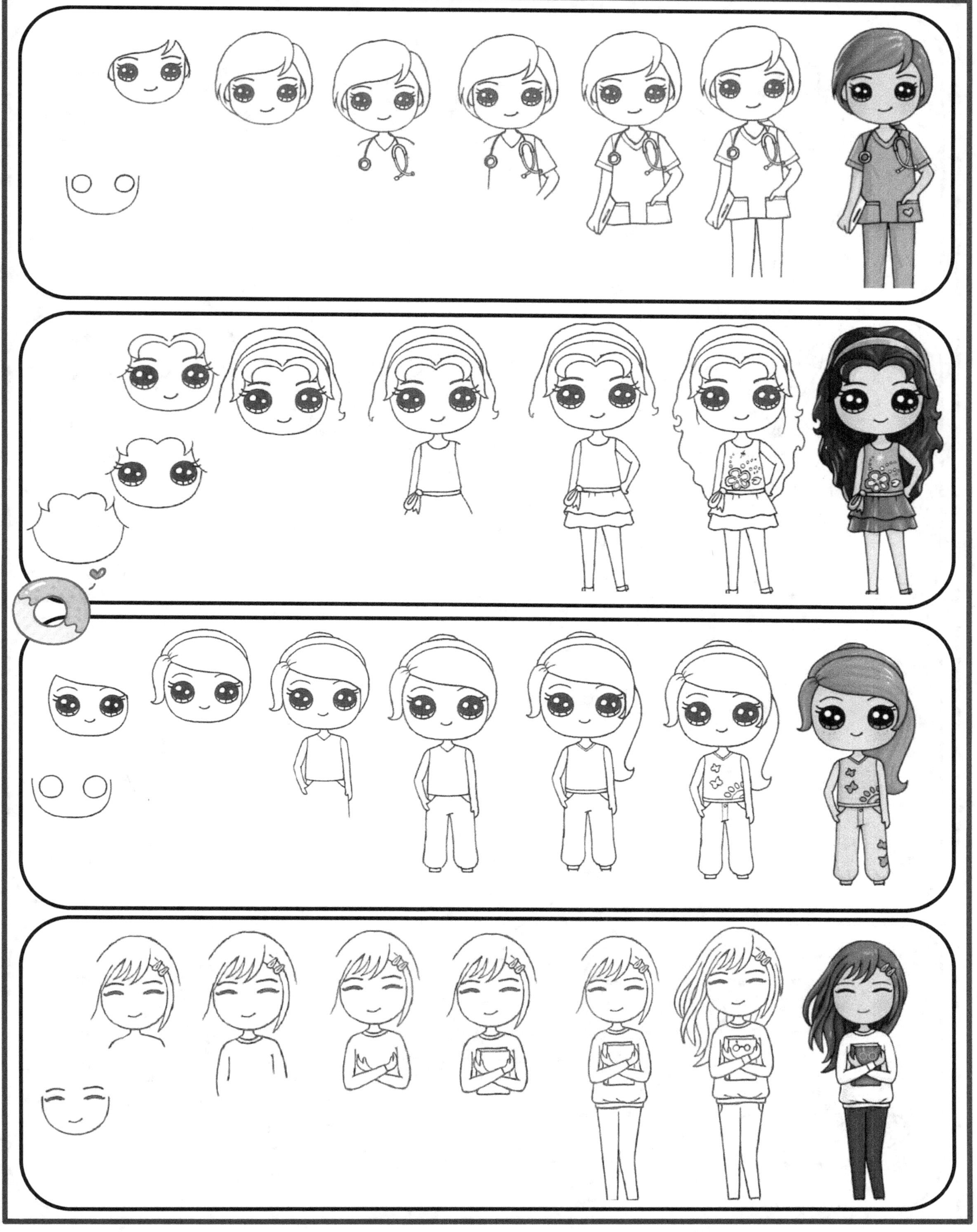

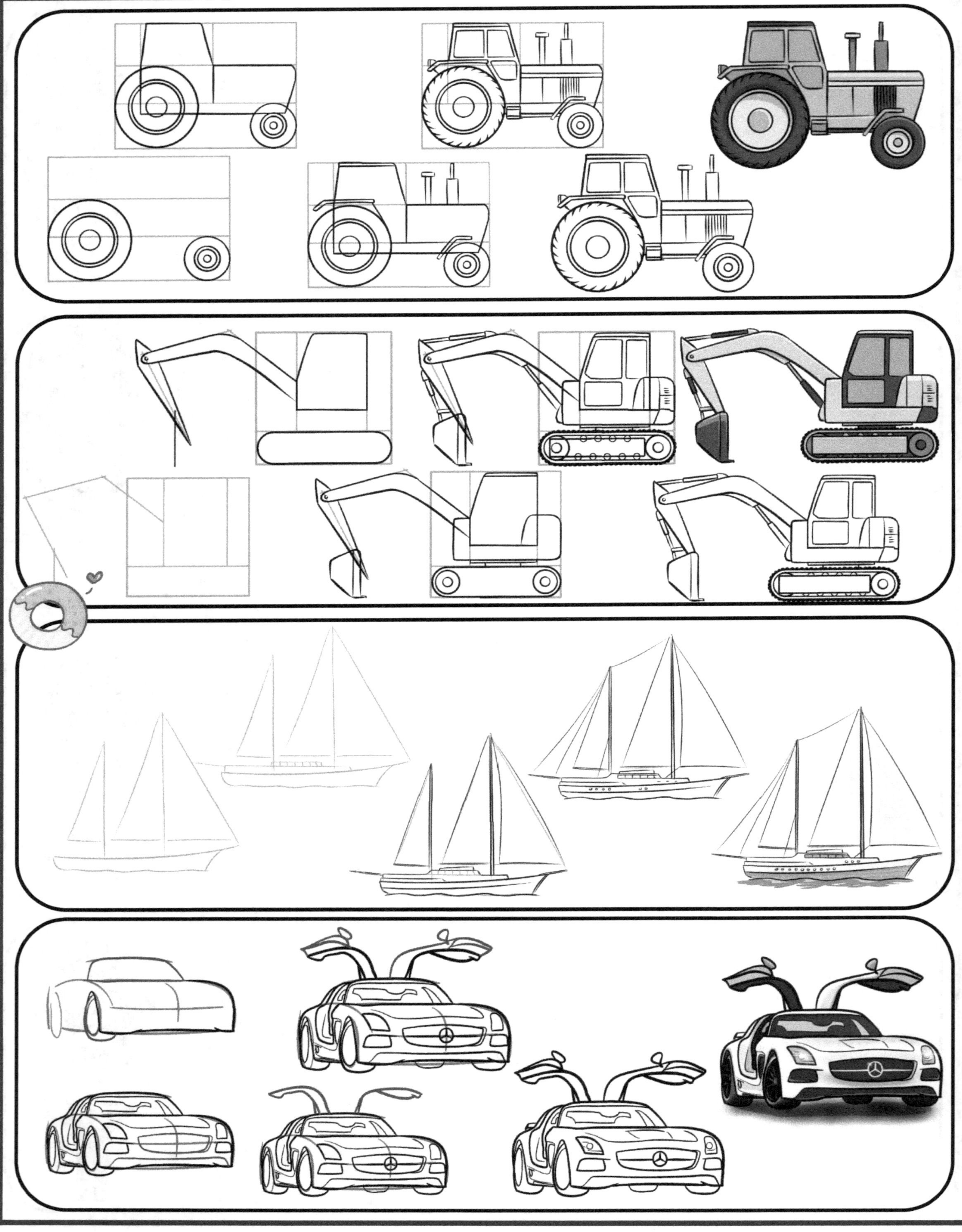

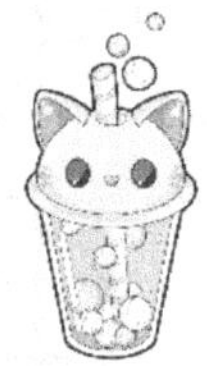
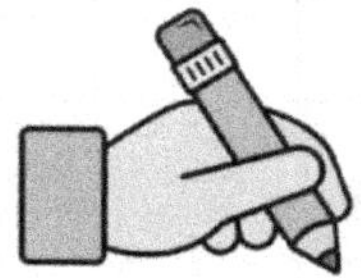

pratica

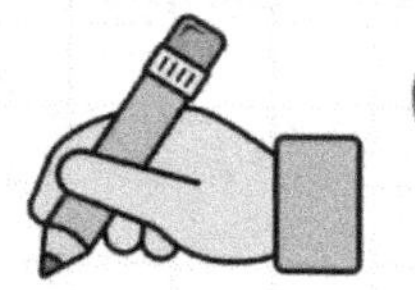
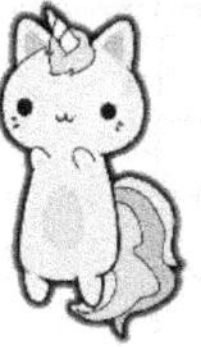

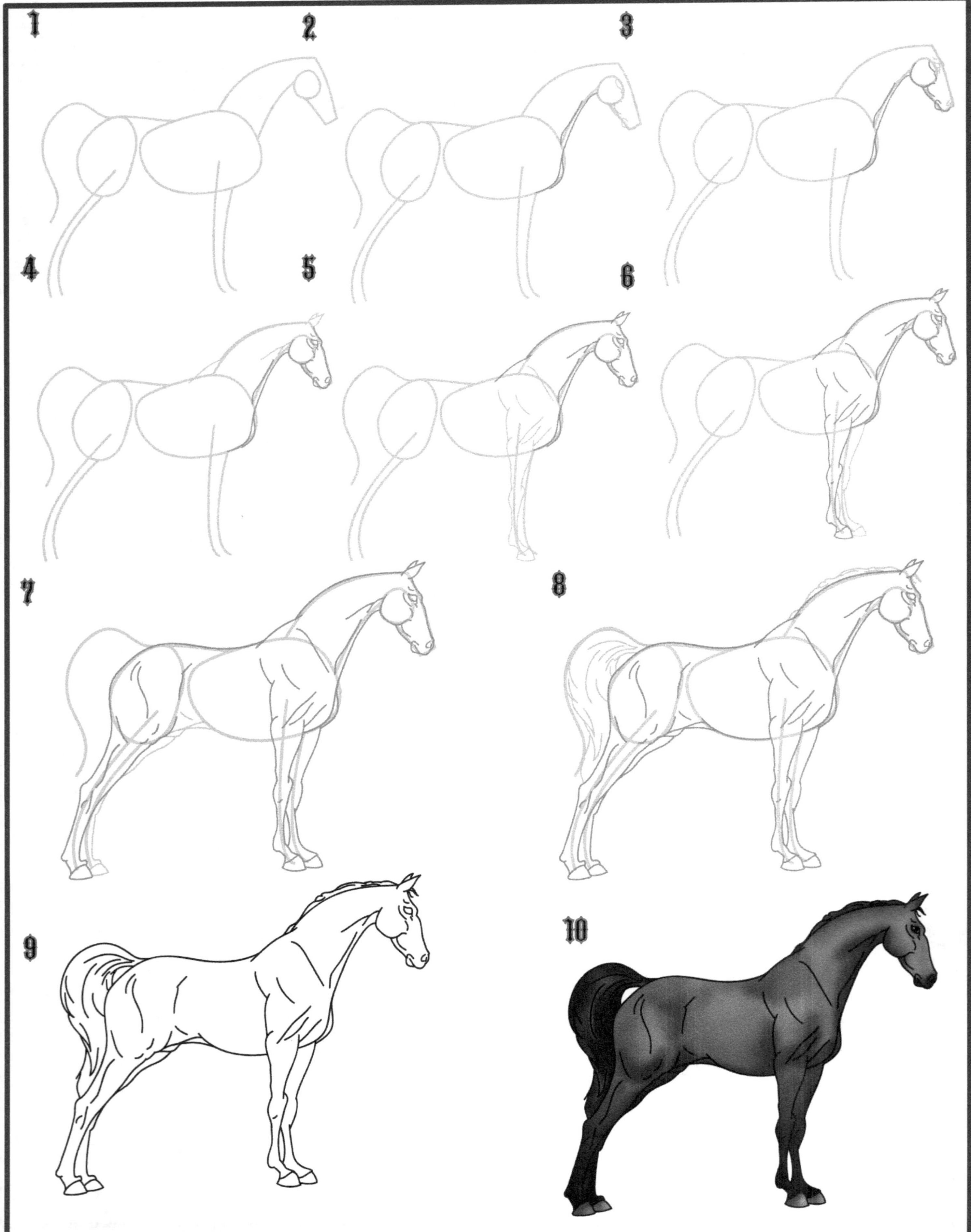

1
2
3
4
5
6
7
8
9
10

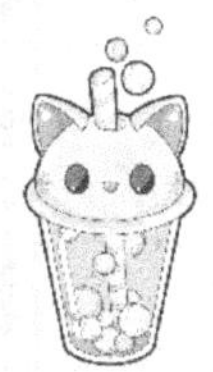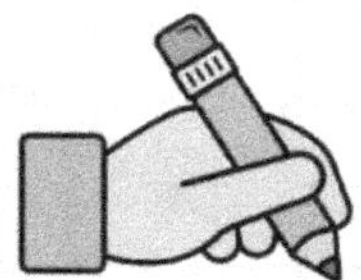

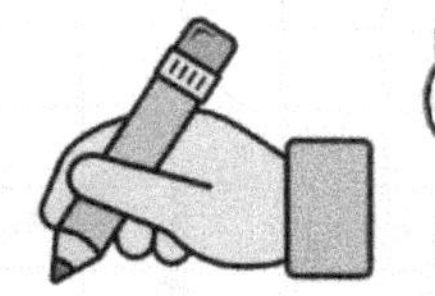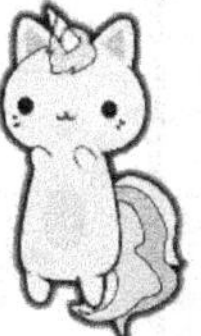

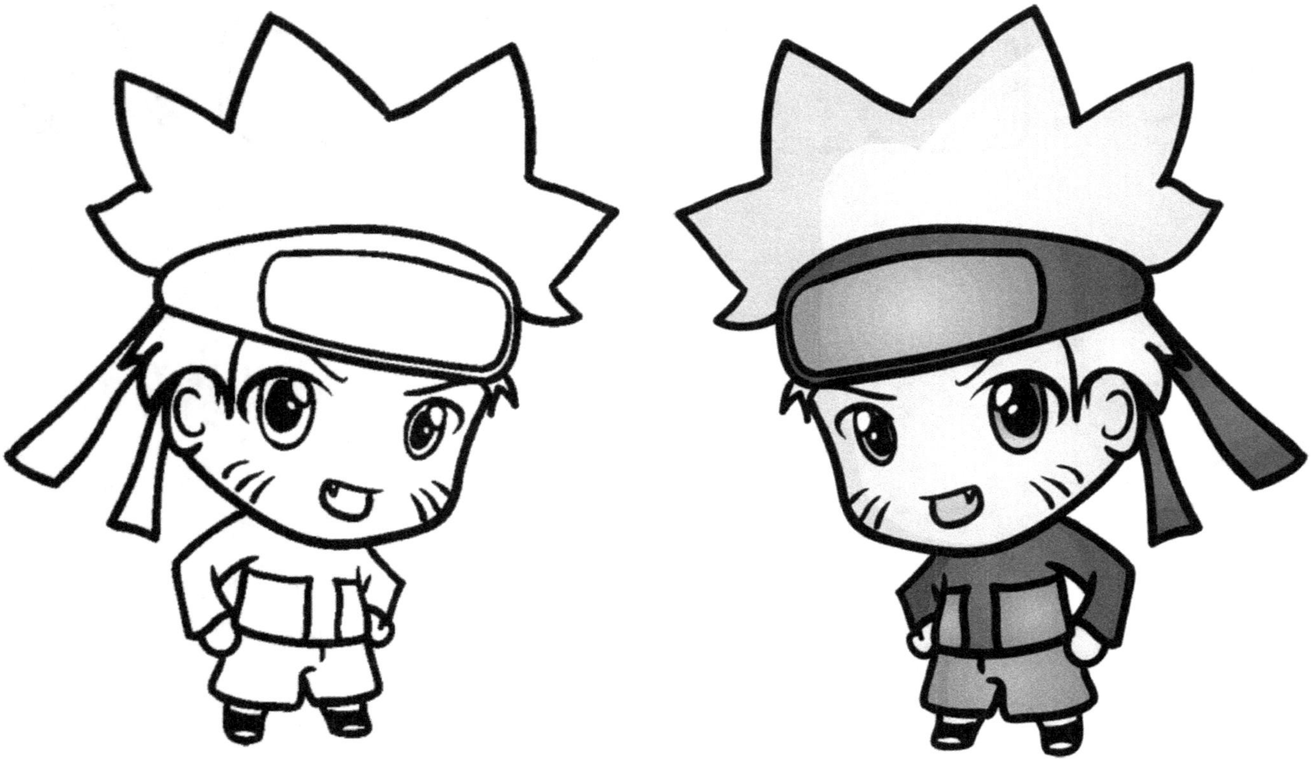

GRAZIE PER AVER SCELTO QUESTO LIBRO. CI AUGURIAMO CHE TI SIA PIACIUTA OGNI PAGINA DI QUESTO LIBRO E CHE TU ABBIA IMPARATO A DISEGNARE PASSO DOPO PASSO E A CREARE LA TUA ARTE.

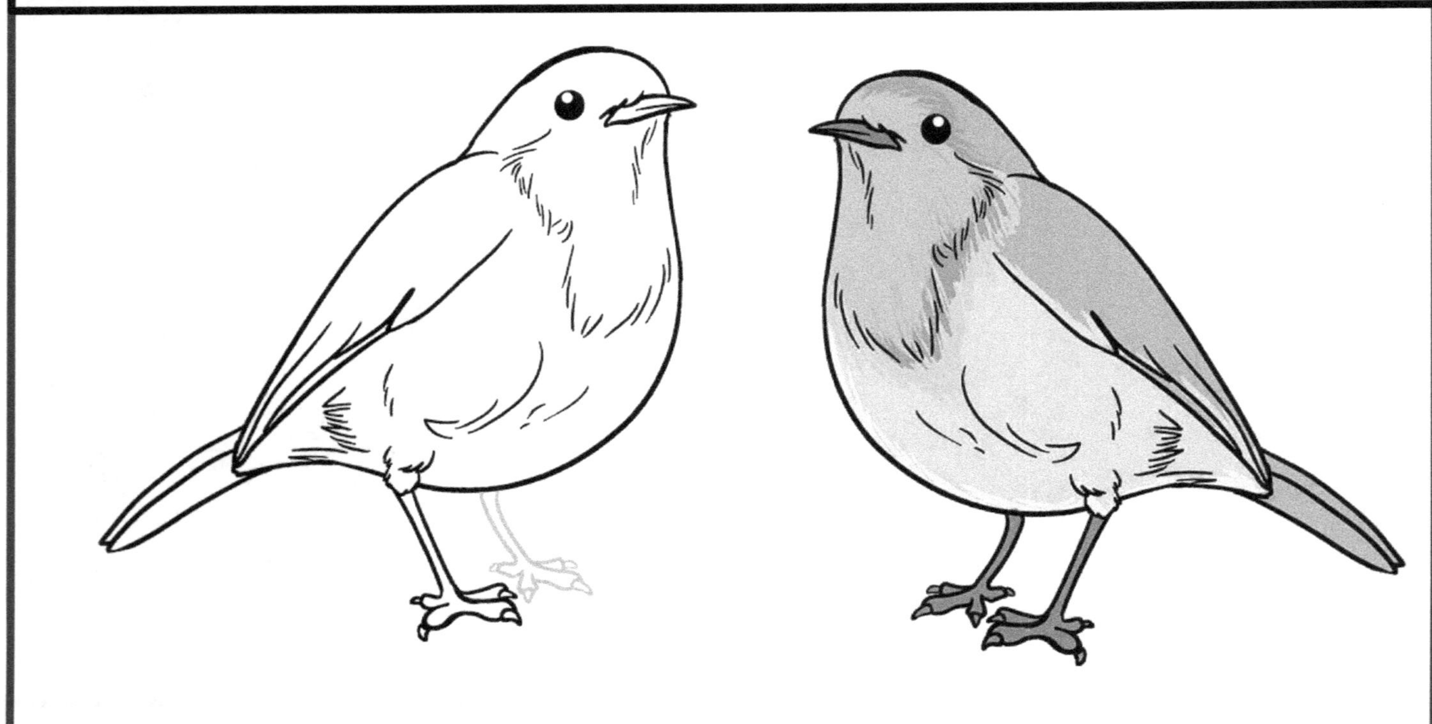